Zeichnen lernen
StepbyStep
Ab 8 Jahre
Mit diesem Zeichenbuch lernt dein Kind spielerisch, liebenswerte Mädchen zu zeichnen und sie mit einfachen Outfits zu stylen – dabei entdeckt es seinen eigenen Stil und stärkt den Sinn für Selbstausdruck.
AF302698
JUKE
Das Gesicht
Weitere

# Hallo! Schön, dass du hier bist!

In diesem Buch geht es darum, wie du zeichnen lernen kannst.
Du hast jetzt ein ganz besonderes Buch in deinen Händen!

Ein paar wichtige Dinge, die du dir merken solltest:
Du bist einzigartig! Das bedeutet, es gibt niemanden auf
der ganzen Welt, der genauso ist wie du. Genau wie deine
Zeichnungen – sie sind besonders und einzigartig!

In diesem Buch geht es nicht darum, ob deine Zeichnungen
richtig oder falsch sind. Es geht auch nicht darum, ob sie perfekt
oder schön sind. Das ist langweilig und macht keinen Spaß. Das
Wichtige ist, dass du Freude hast beim Zeichnen!

Worum geht es also in diesem Buch?

Es geht darum, dass du Spaß hast und mit ein paar Strichen
besondere Kunstwerke erschaffen kannst. Du kannst deine
Fantasie freien Lauf lassen und deine eigenen einzigartigen
Zeichnungen machen!

## Was brauchst du für dieses Buch?

<u>Papier:</u>: Du kannst einen Block, Zettel oder einfach das Buch versenden zum Reinzeichnen. Tobe dich aus.

<u>Stifte:</u> Am besten ist du verwendest Farbstifte oder einen Bleistift.

<u>Radiergummi:</u> Falls du mal nicht zufrieden bist mit deinem Ergebnis.

## Was zeichnest du in diesem Buch?

<u>Figuren:</u> Hier lernst du, wie man Gesichter und Körper zeichnet.

<u>Outfits:</u> Außerdem erfährst du, wie man coole Outfits zeichnet, um die Figuren zu stylen – und das in zwei Schwierigkeitsstufen.

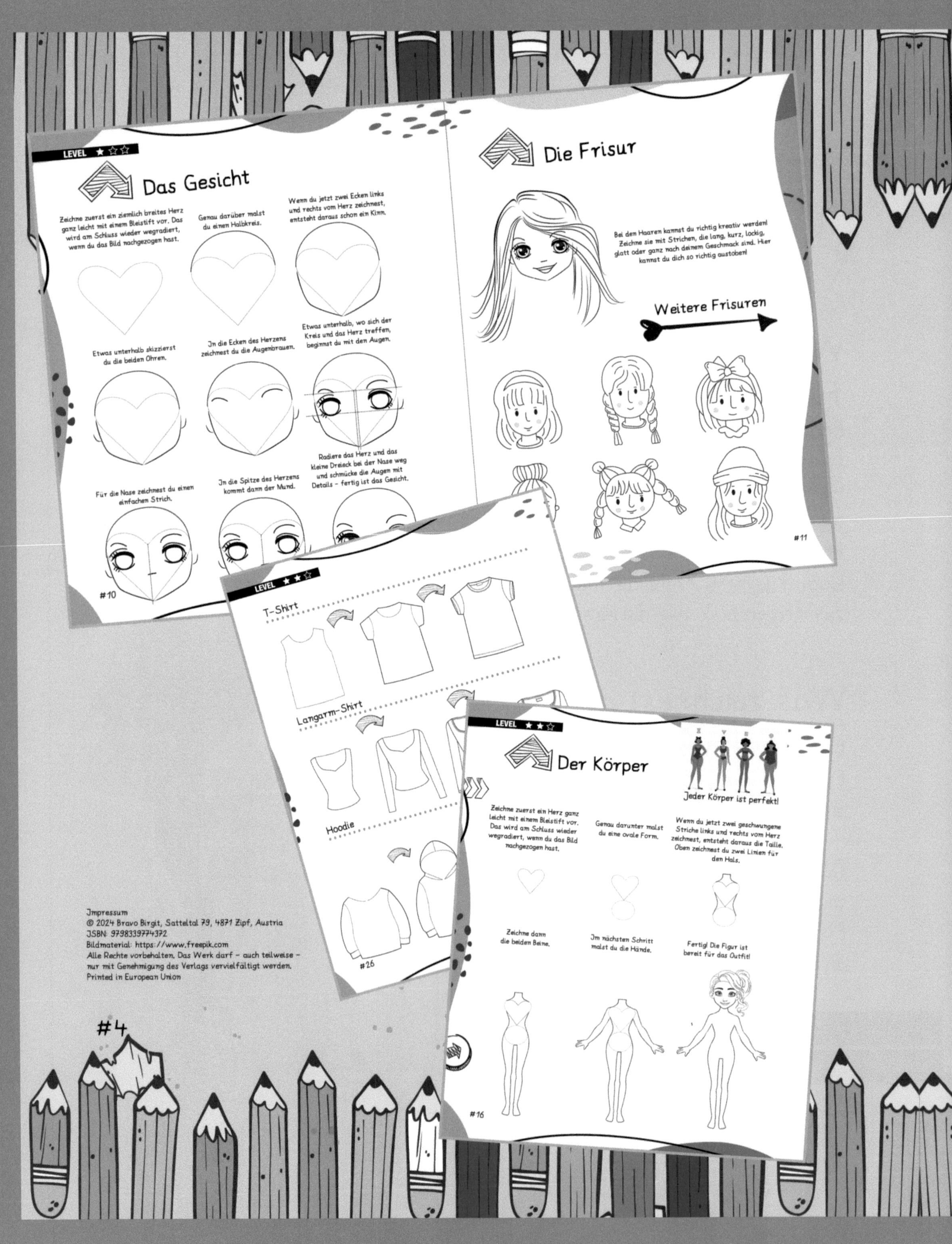

LEVEL ★☆☆
Das Gesicht

Zeichne zuerst ein ziemlich breites Herz ganz leicht mit einem Bleistift vor. Das wird am Schluss wieder wegradiert, wenn du das Bild nachgezogen hast.

Genau darüber malst du einen Halbkreis.

Wenn du jetzt zwei Ecken links und rechts vom Herz zeichnest, entsteht daraus schon ein Kinn.

Etwas unterhalb skizzierst du die beiden Ohren.

In die Ecken des Herzens zeichnest du die Augenbrauen.

Etwas unterhalb, wo sich der Kreis und das Herz treffen, beginnst du mit den Augen.

Für die Nase zeichnest du einen einfachen Strich.

In die Spitze des Herzens kommt dann der Mund.

Radiere das Herz und das kleine Dreieck bei der Nase weg und schmücke die Augen mit Details – fertig ist das Gesicht.

#10

Die Frisur

Bei den Haaren kannst du richtig kreativ werden! Zeichne sie mit Strichen, die lang, kurz, lockig, glatt oder ganz nach deinem Geschmack sind. Hier kannst du dich so richtig austoben!

Weitere Frisuren

#11

T-Shirt

Langarm-Shirt

Hoodie

#26

LEVEL ★★☆
Der Körper

Jeder Körper ist perfekt!

Zeichne zuerst ein Herz ganz leicht mit einem Bleistift vor. Das wird am Schluss wieder wegradiert, wenn du das Bild nachgezogen hast.

Genau darunter malst du eine ovale Form.

Wenn du jetzt zwei geschwungene Striche links und rechts vom Herz zeichnest, entsteht daraus die Taille. Oben zeichnest du zwei Linien für den Hals.

Zeichne dann die beiden Beine.

Im nächsten Schritt malst du die Hände.

Fertig! Die Figur ist bereit für das Outfit!

#16

Impressum
© 2024 Bravo Birgit, Satteltal 79, 4871 Zipf, Austria
ISBN: 9798339774372
Bildmaterial: https://www.freepik.com
Alle Rechte vorbehalten. Das Werk darf – auch teilweise – nur mit Genehmigung des Verlags vervielfältigt werden.
Printed in European Union

#4

# Was erwartet dich in dem Buch?



Persönlicher Kontakt für Fragen, Anliegen,
Wünsche: bravo-Birgit@gmx.at

#6

# Zeichne die Figur

Du kannst die nächsten Seiten ausschneiden, um eine Vorlage zu haben, die du immer neben dir liegen hast und so einfach abzeichnen kannst. Alternativ schicke ich sie dir auch gerne per E-Mail zu – dann brauchst du das Buch nicht zu zerschneiden.

# Das Gesicht

Zeichne zuerst ein ziemlich breites Herz ganz leicht mit einem Bleistift vor. Das wird am Schluss wieder wegradiert, wenn du das Bild nachgezogen hast.

Genau darüber malst du einen Halbkreis.

Wenn du jetzt zwei Ecken links und rechts vom Herz zeichnest, entsteht daraus schon ein Kinn.

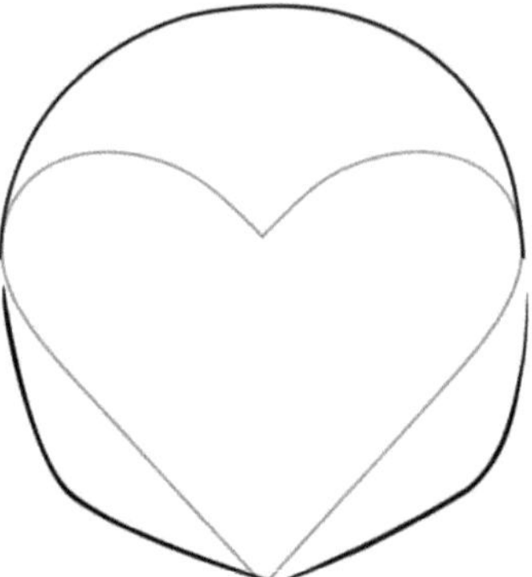

Etwas unterhalb skizzierst du die beiden Ohren.

In die Ecken des Herzens zeichnest du die Augenbrauen.

Etwas unterhalb, wo sich der Kreis und das Herz treffen, beginnst du mit den Augen.

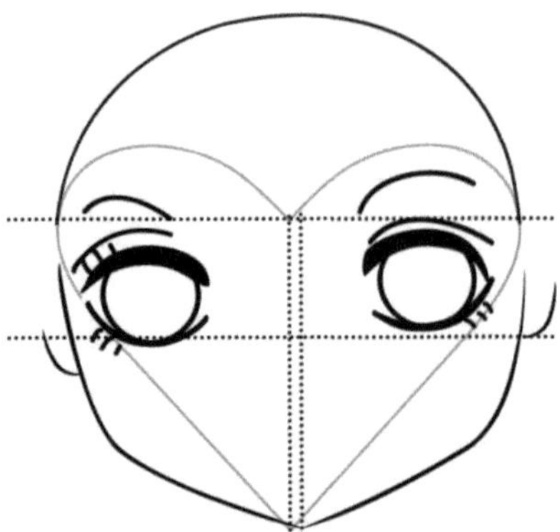

Für die Nase zeichnest du einen einfachen Strich.

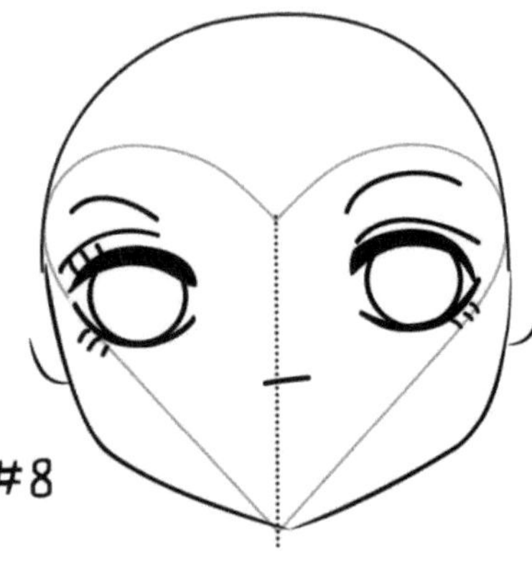

In die Spitze des Herzens kommt dann der Mund.

Radiere das Herz und das kleine Dreieck bei der Nase weg und schmücke die Augen mit Details – fertig ist das Gesicht.

# Die Frisur

Bei den Haaren kannst du richtig kreativ werden!
Zeichne sie mit Strichen, die lang, kurz, lockig,
glatt oder ganz nach deinem Geschmack sind. Hier
kannst du dich so richtig austoben!

## Weitere Frisuren

# Das Gesicht

Zeichne zuerst ein Herz ganz leicht mit einem Bleistift vor. Das wird am Schluss wieder wegradiert, wenn du das Bild nachgezogen hast.

Genau darüber malst du einen Halbkreis.

Wenn du jetzt zwei Ecken links und rechts vom Herz zeichnest, entsteht daraus schon ein Kinn.

Etwas unterhalb, wo sich der Kreis und das Herz treffen, zeichnest du die beiden Ohren.

In die Ecken des Herzens zeichnest du die Augenbrauen.

Darunter kommen dann die beiden Augen.

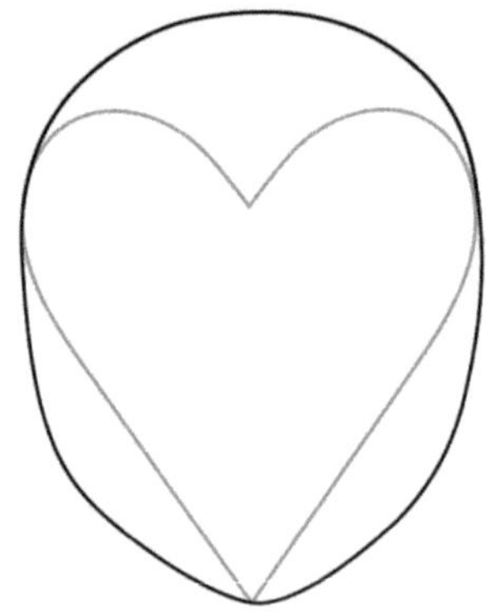

Für die Nase zeichnest du ein zartes Dreieck als Hilfe. In dieses Dreieck malst du dann die Nase.

In die Spitze des Herzens kommt dann der Mund.

Radiere das Herz und das kleine Dreieck bei der Nase weg und schmücke die Augen mit Details – fertig ist das Gesicht.

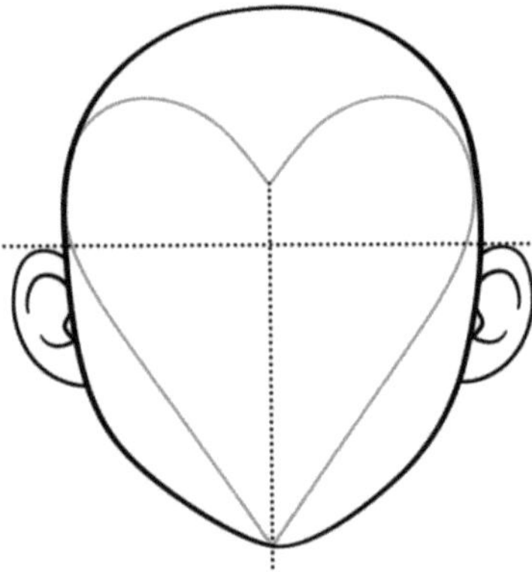

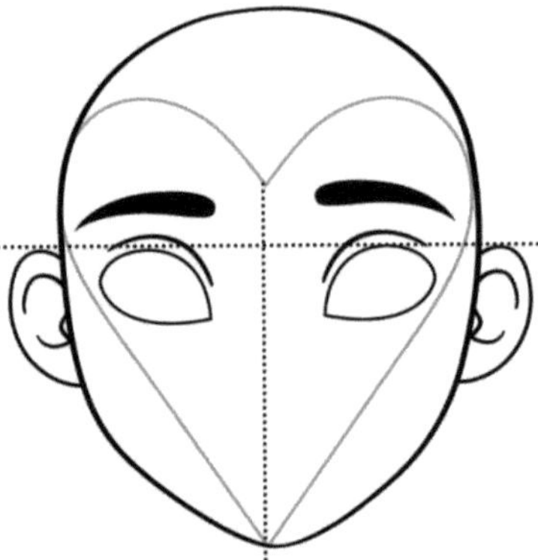

# Die Frisur

Bei den Haaren kannst du richtig kreativ werden!
Zeichne sie mit Strichen, die lang, kurz, lockig,
glatt oder ganz nach deinem Geschmack sind. Hier
kannst du dich so richtig austoben!

## Weitere Frisuren

# Der Körper

Zeichne zuerst die beiden Striche für den Bauch bzw. die Taille.

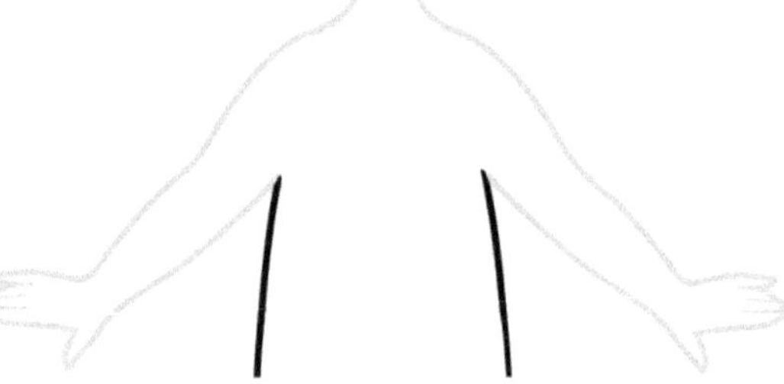

Dann zeichnest du den ersten Arm. Beginne damit, die Hand mit einer ovalen Form zu skizzieren. Später kannst du diese wieder wegradieren, um die Finger zu zeichnen.

Dann folgt das erste Bein.

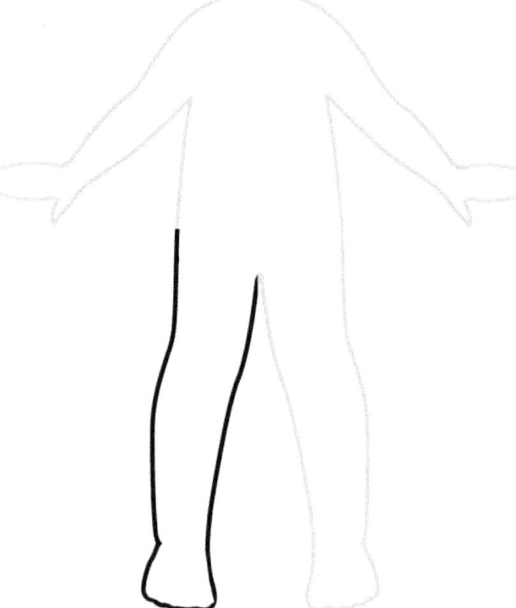

Im nächsten Schritt zeichnest du das zweite Bein und fügst Details an den Händen und Füßen hinzu – fertig ist der Körper.

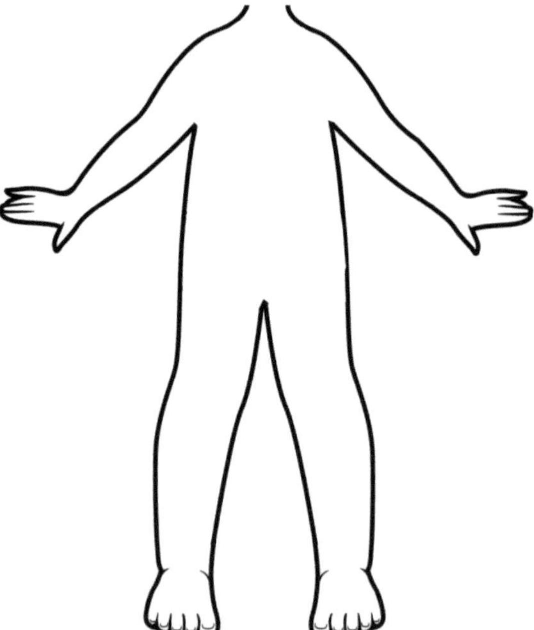

## Nachzeichnen     Selbstzeichnen

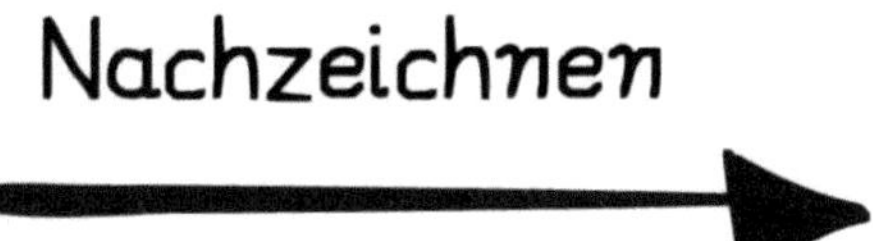

# Der Körper

## Jeder Körper ist perfekt!

Zeichne zuerst ein Herz ganz leicht mit einem Bleistift vor. Das wird am Schluss wieder wegradiert, wenn du das Bild nachgezogen hast.

Genau darunter malst du eine ovale Form.

Wenn du jetzt zwei geschwungene Striche links und rechts vom Herz zeichnest, entsteht daraus die Taille. Oben zeichnest du zwei Linien für den Hals.

Zeichne dann die beiden Beine.

Im nächsten Schritt malst du die Hände.

Fertig! Die Figur ist bereit für das Outfit!

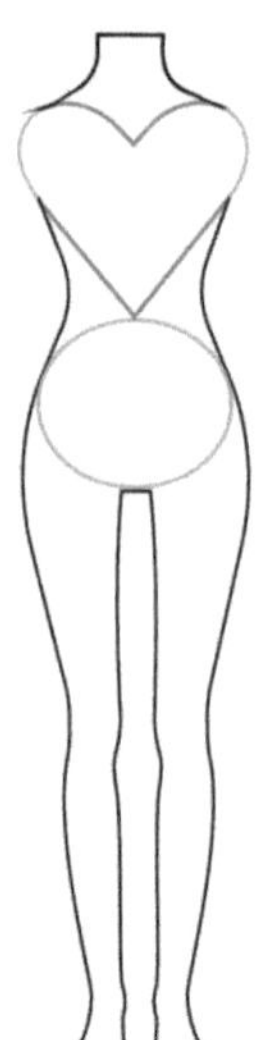

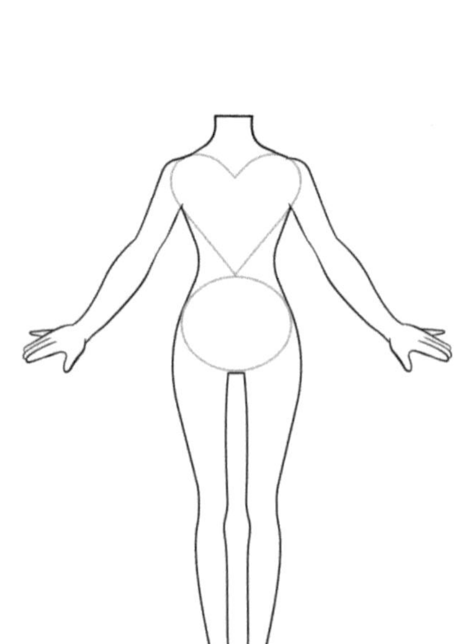

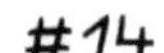

Versuch, die Figur nachzumalen!

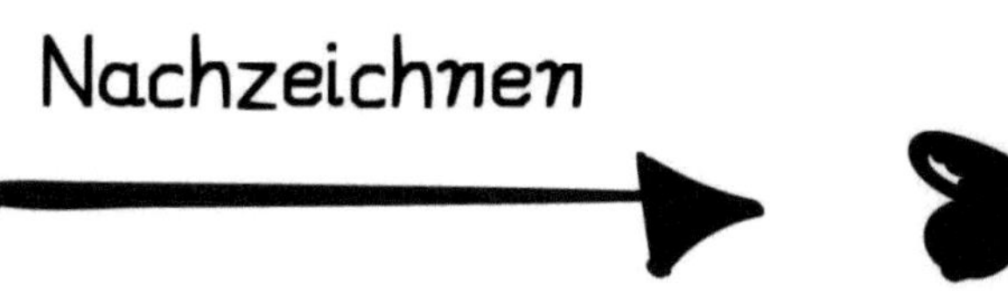

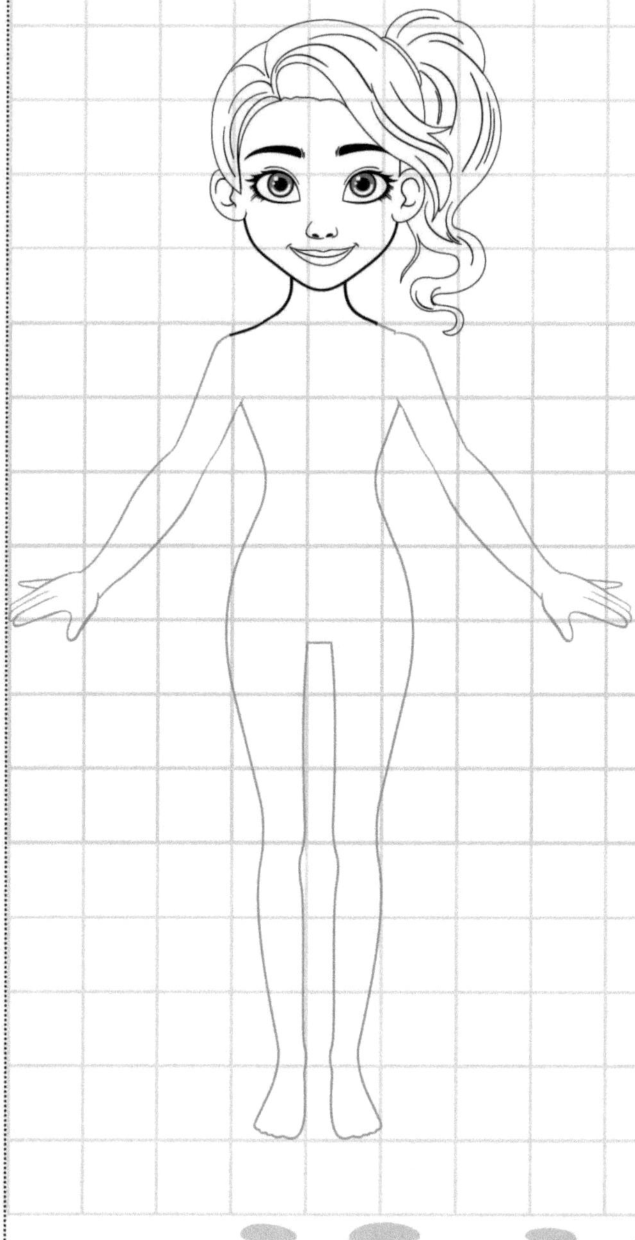

#16

# Zeichne Outfit Basics

Du kannst die nächsten Seiten ausschneiden, um eine Vorlage zu haben, die du immer neben dir liegen hast und so einfach abzeichnen kannst. Alternativ schicke ich sie dir auch gerne per E-Mail zu – dann brauchst du das Buch nicht zu zerschneiden.

#17

## T-Shirt

## Langarm

## Pullover

## Hose kurz

## Hose 3/4 lang

## Hose lang

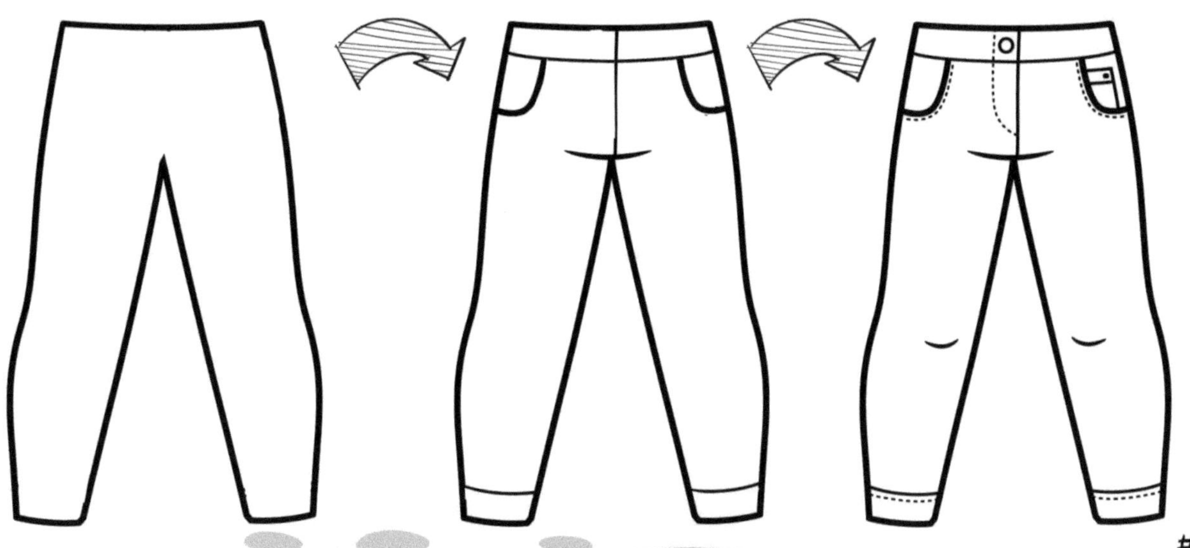

## Rock kurz weit

## Rock kurz eng

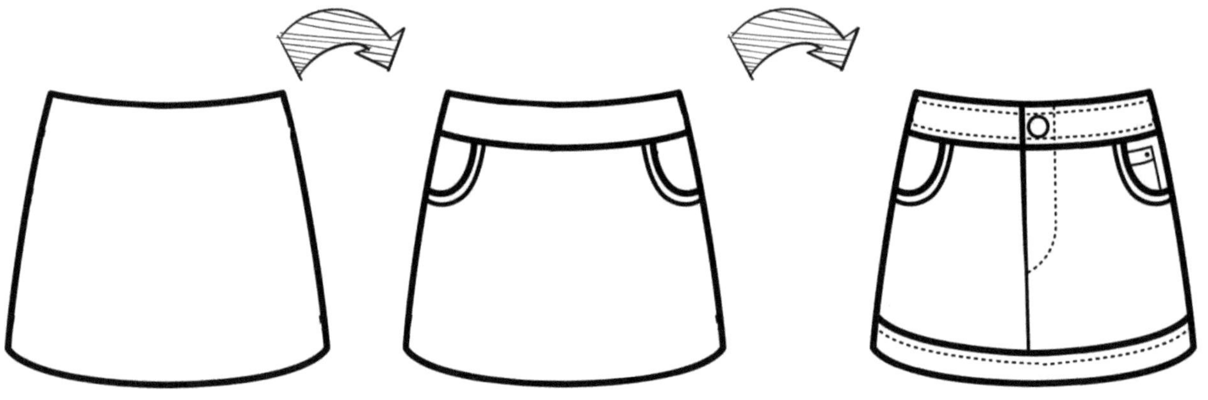

## Trägerrock

# Kleider

## Jacke Kurzarm

## Jacke Langarm

#22

## Schuhe

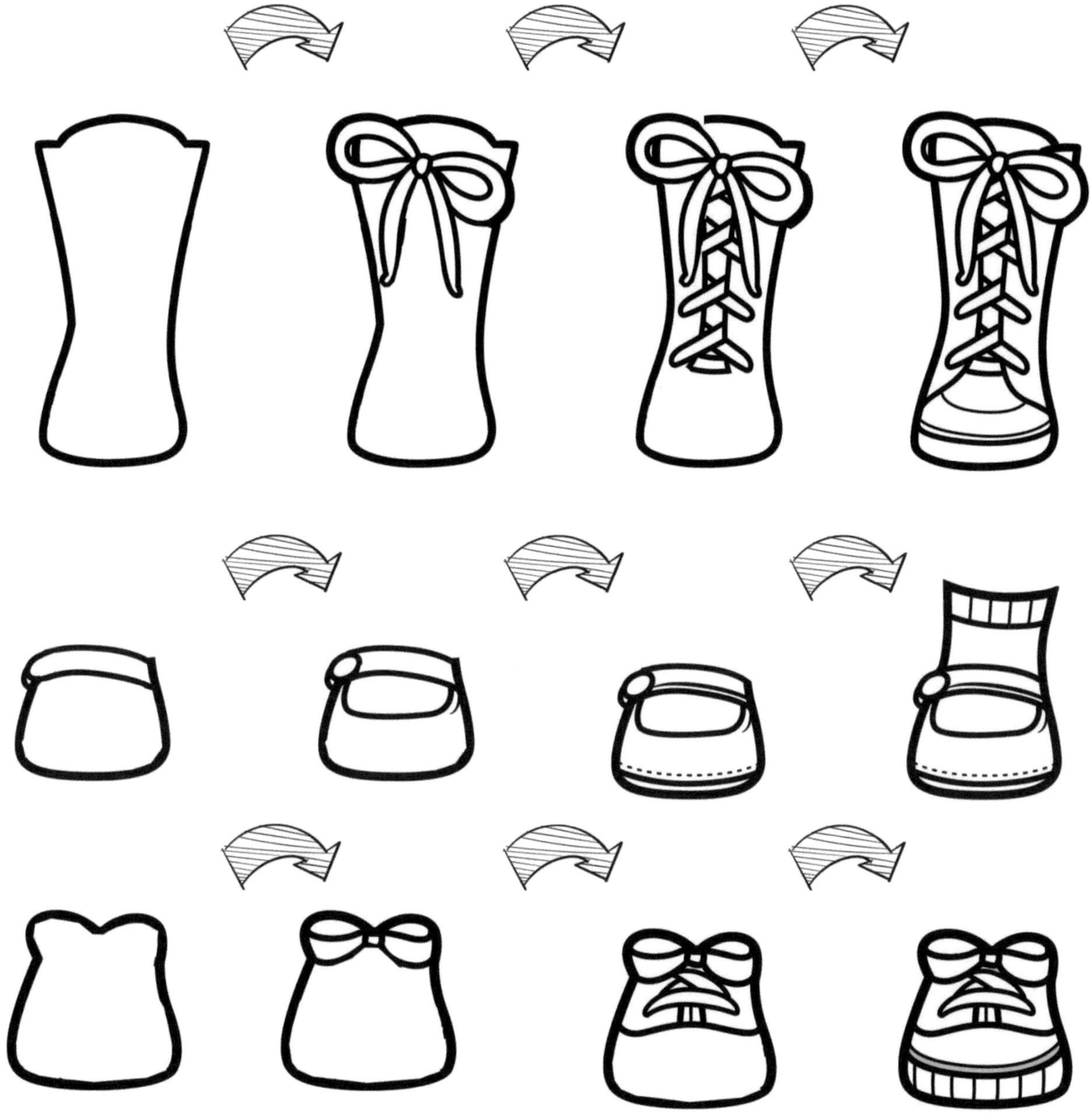

## T-Shirt

## Langarm-Shirt

## Hoodie

#24

## Hose kurz

## Hose 3/4 lang

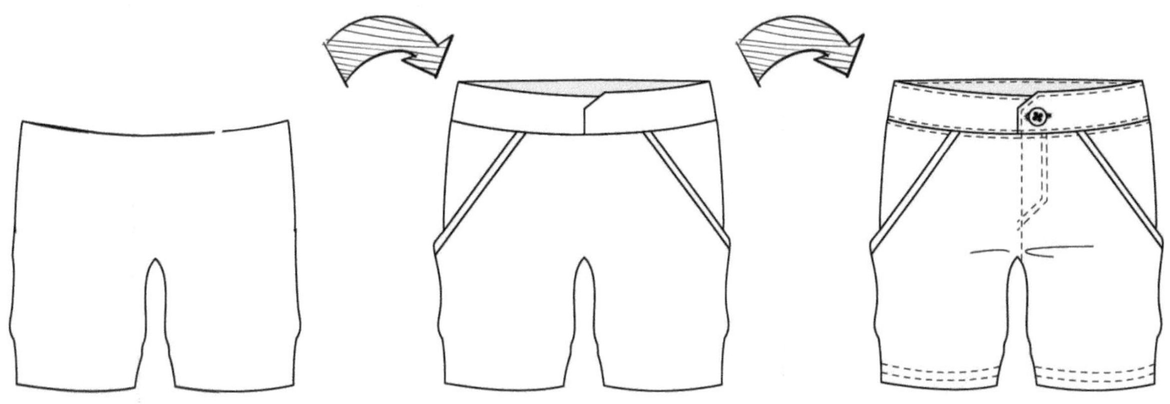

## Hose lang

# 26

LEVEL ★ ☆ ☆
LEVEL ★ ★ ☆
Style
die Figur
#27

LEVEL
Probiere es mit dem Raster
#28

# Zeichne das Outfit!

Mach das Outfit einzigartig, indem du es mit Details verzierst!

# Nachzeichnen & Stylen

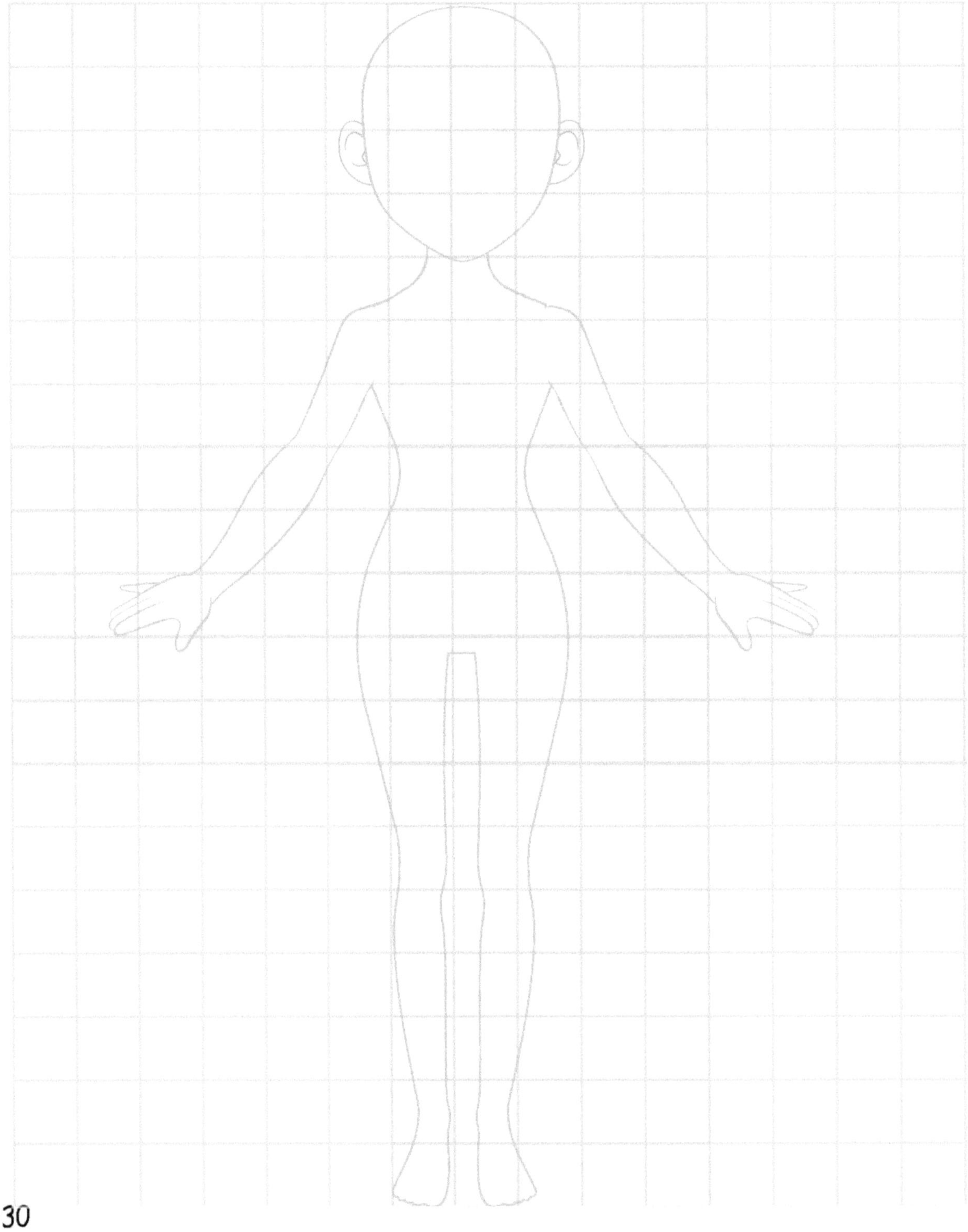

 Jetzt du ganz alleine.

LEVEL
Probiere es mit dem Raster
#32

# Zeichne das Outfit!

Mach das Outfit einzigartig, indem du es mit Details verzierst!

# Nachzeichnen & Stylen

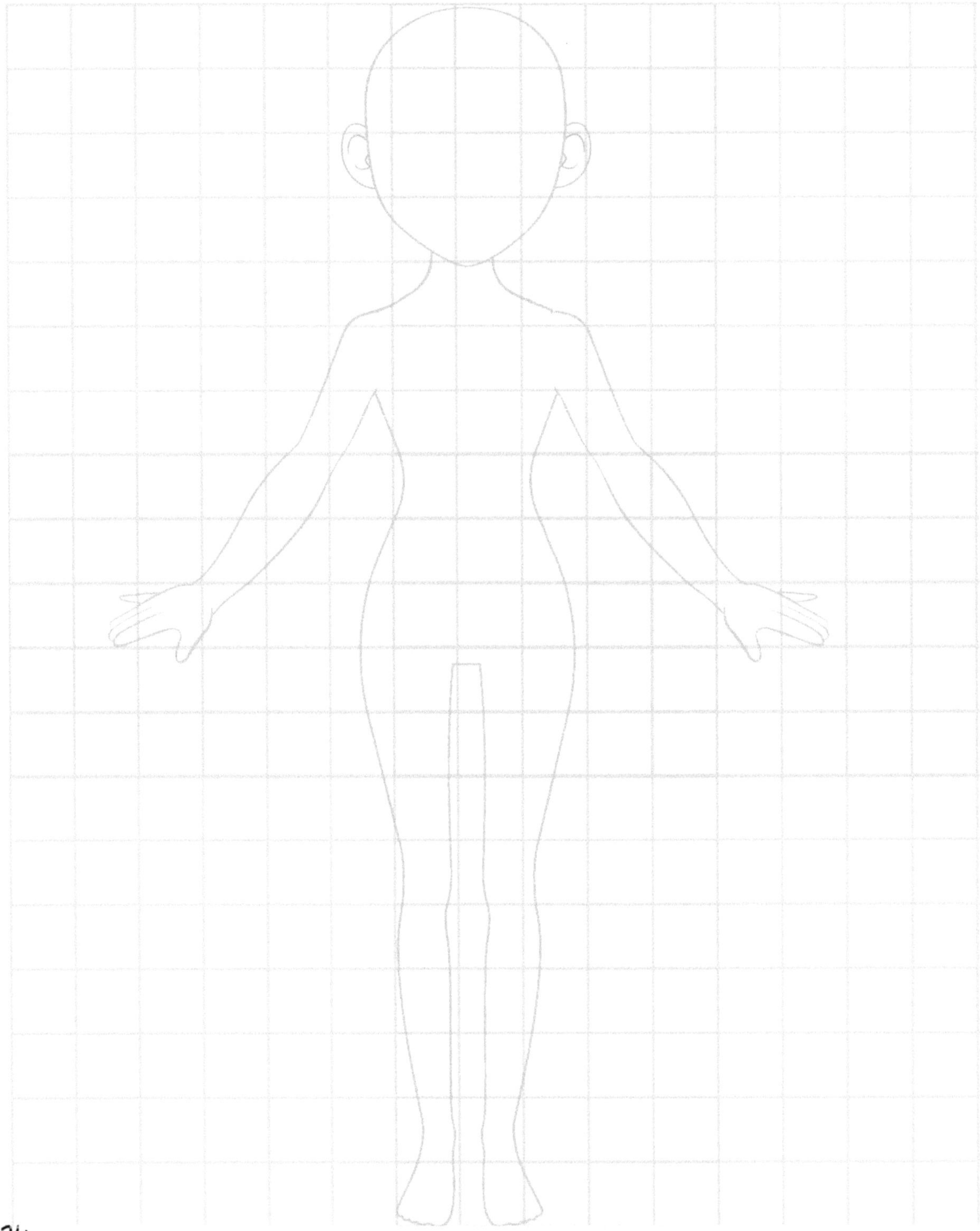

 Jetzt du ganz alleine.

#36

# Zeichne das Outfit!

Mach das Outfit einzigartig, indem du es mit Details verzierst!

# Nachzeichnen & Stylen

# Jetzt du ganz alleine.

LEVEL
Probiere es mit dem Raster
#40

# Zeichne das Outfit!

Mach das Outfit einzigartig, indem du es mit Details verzierst!

# Nachzeichnen & Stylen

#42

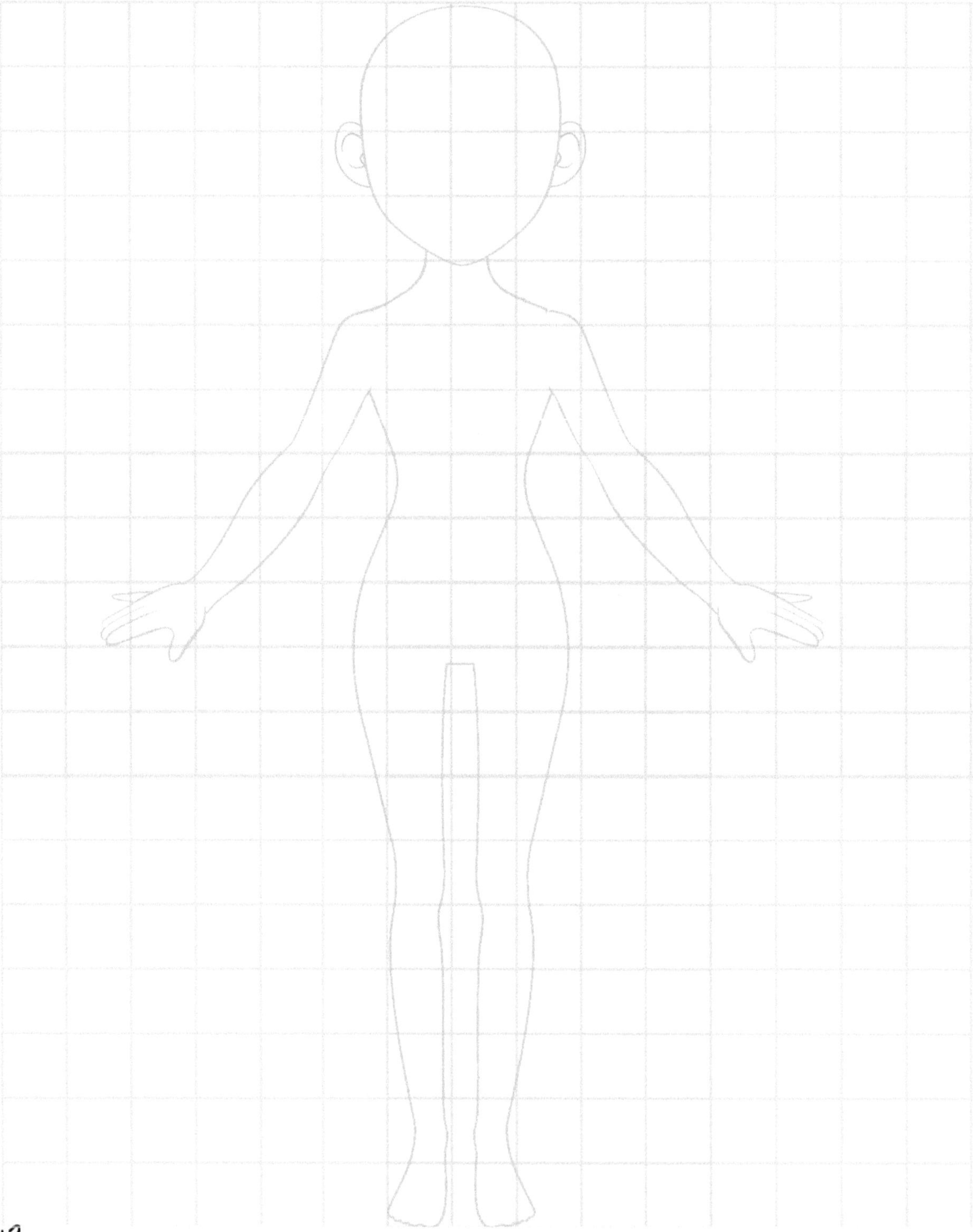

 Jetzt du ganz alleine.

LEVEL
Probiere es mit dem Raster
#44

# Zeichne das Outfit!

Mach das Outfit einzigartig, indem du es mit Details verzierst!

# Nachzeichnen & Stylen

#46

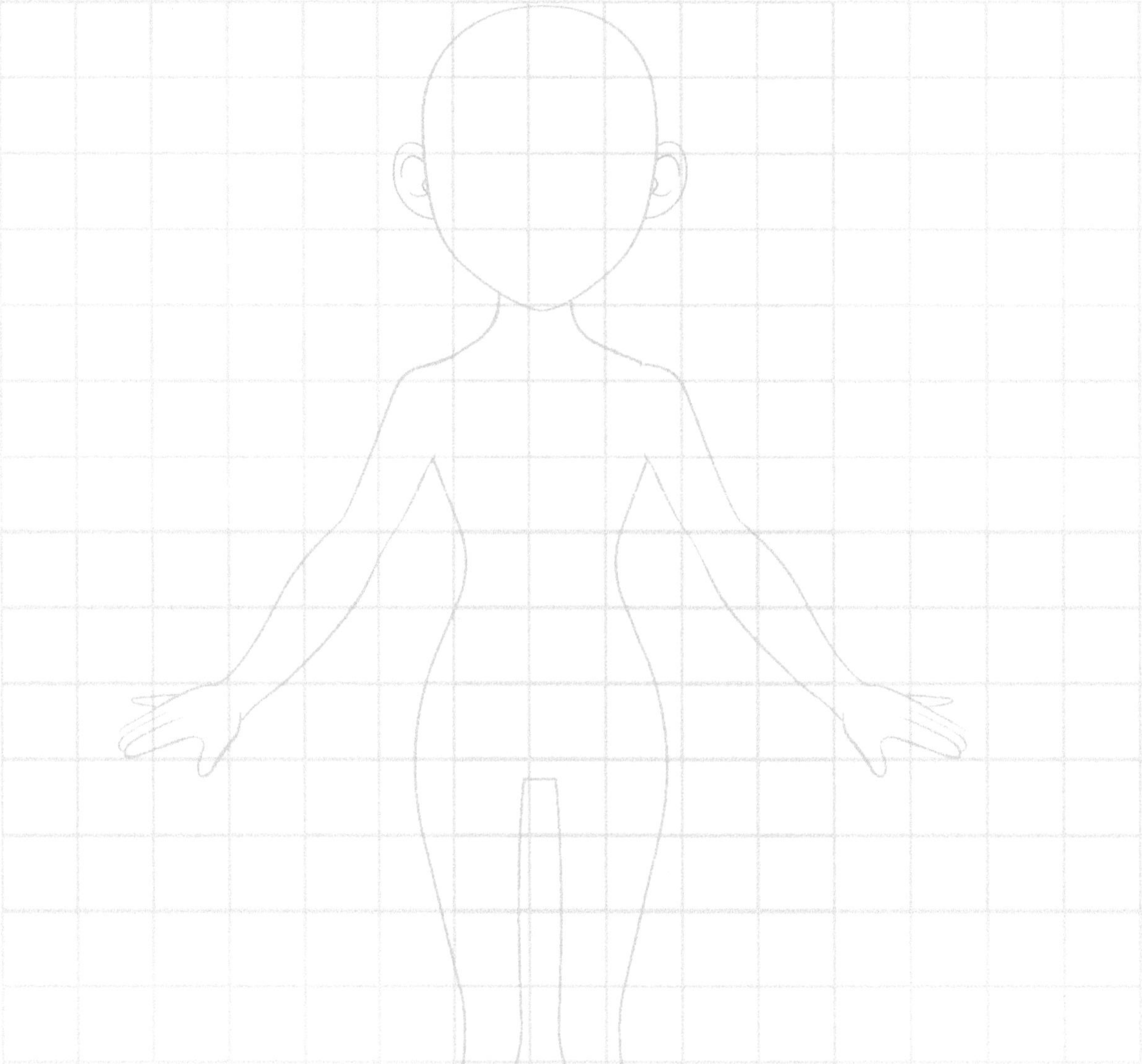

 Jetzt du ganz alleine.

LEVEL
Probiere es mit dem Raster
#48

# Zeichne das Outfit!

Mach das Outfit einzigartig, indem du es mit Details verzierst!

# Nachzeichnen & Stylen

#50

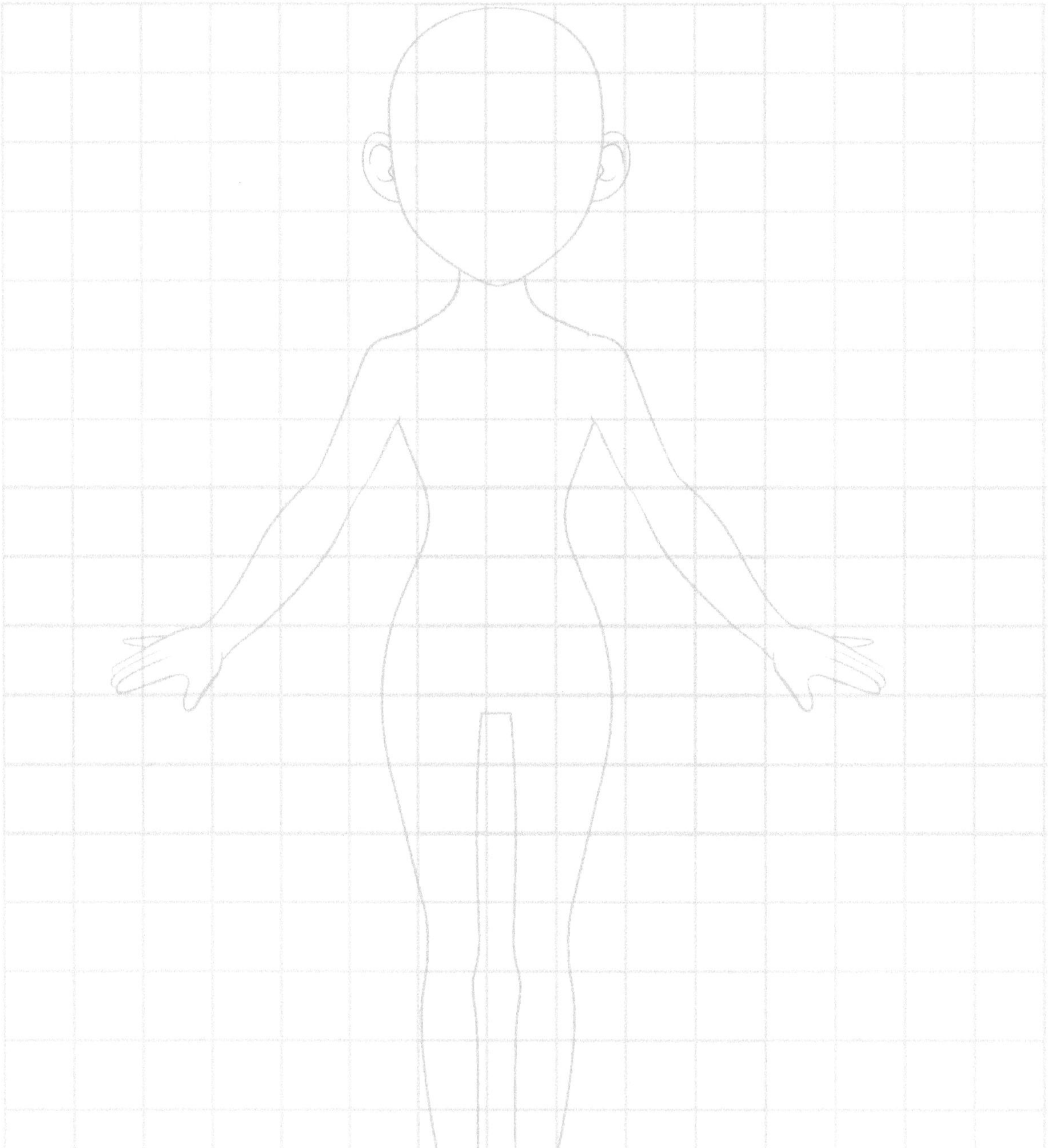

 Jetzt du ganz alleine.

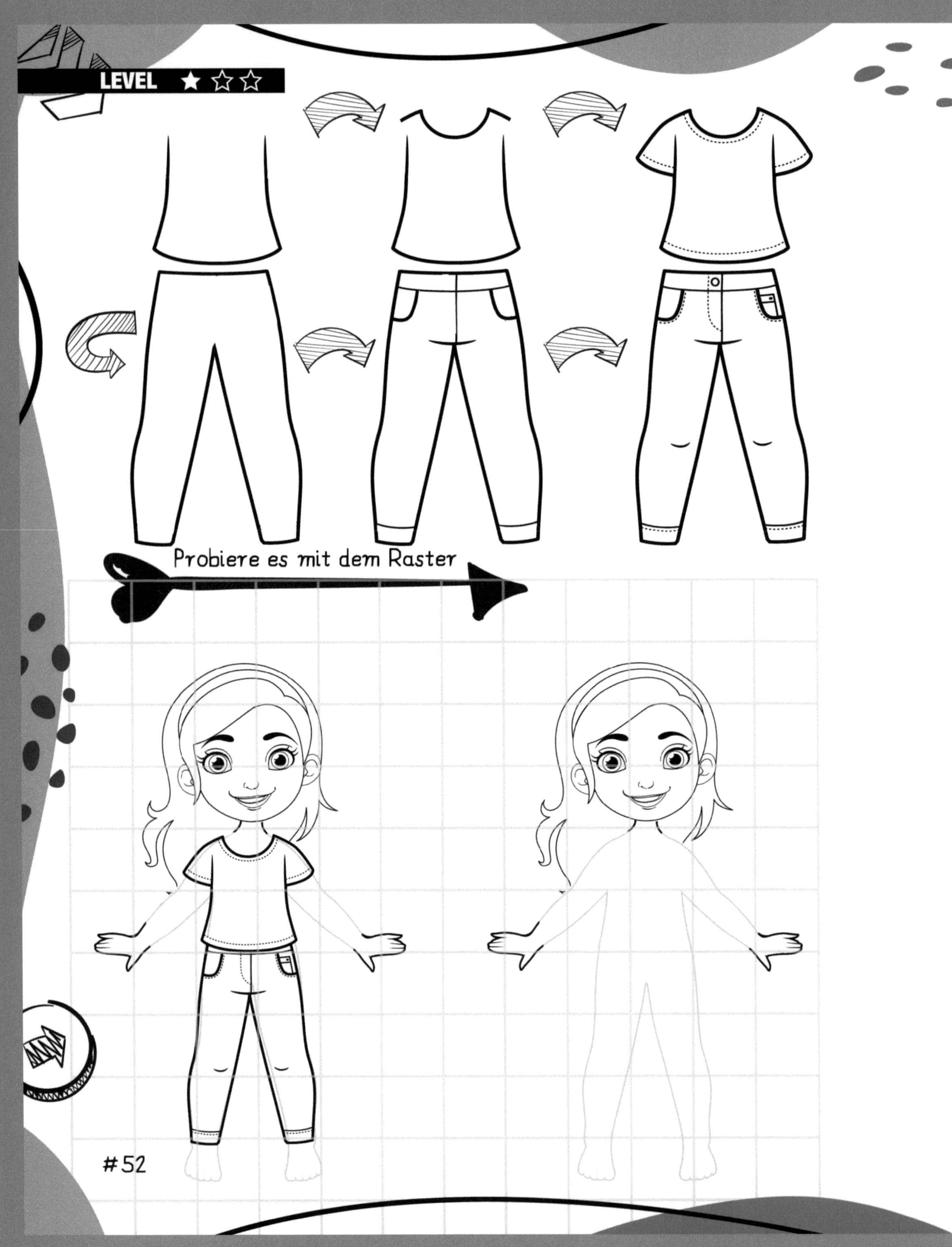

LEVEL
Probiere es mit dem Raster
#52

# Zeichne das Outfit!

Mach das Outfit einzigartig, indem du es mit Details verzierst!

# Nachzeichnen & Stylen

#54

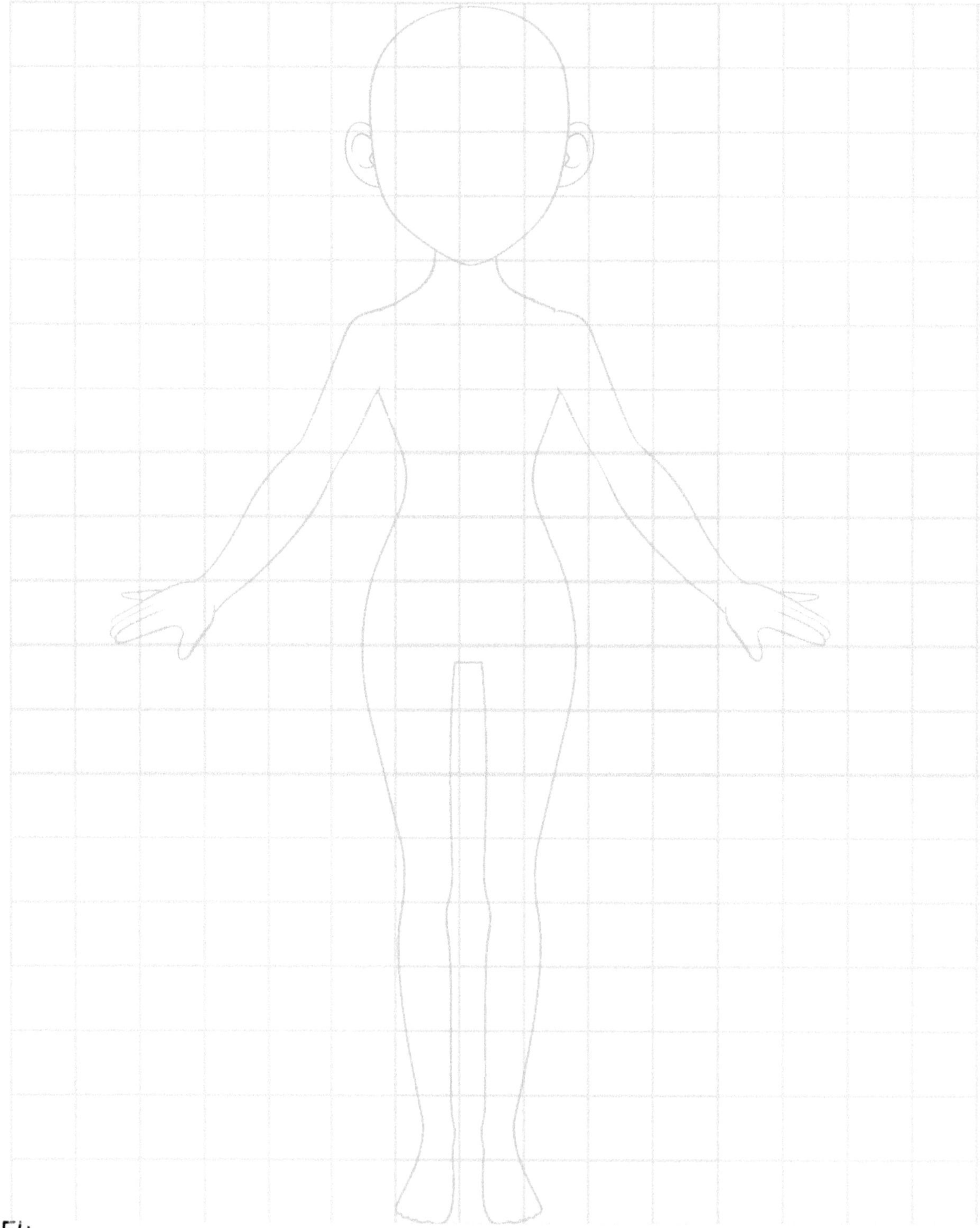

 Jetzt du ganz alleine.

#56

# Zeichne das Outfit!

Mach das Outfit einzigartig, indem du es mit Details verzierst!

LEVEL ★★☆

# Nachzeichnen & Stylen

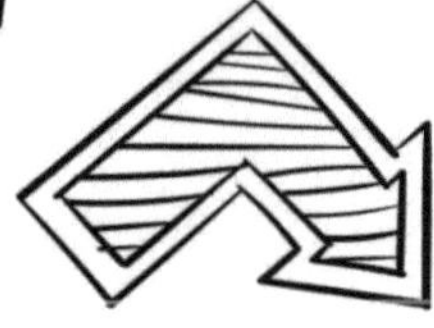

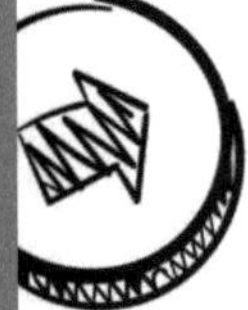

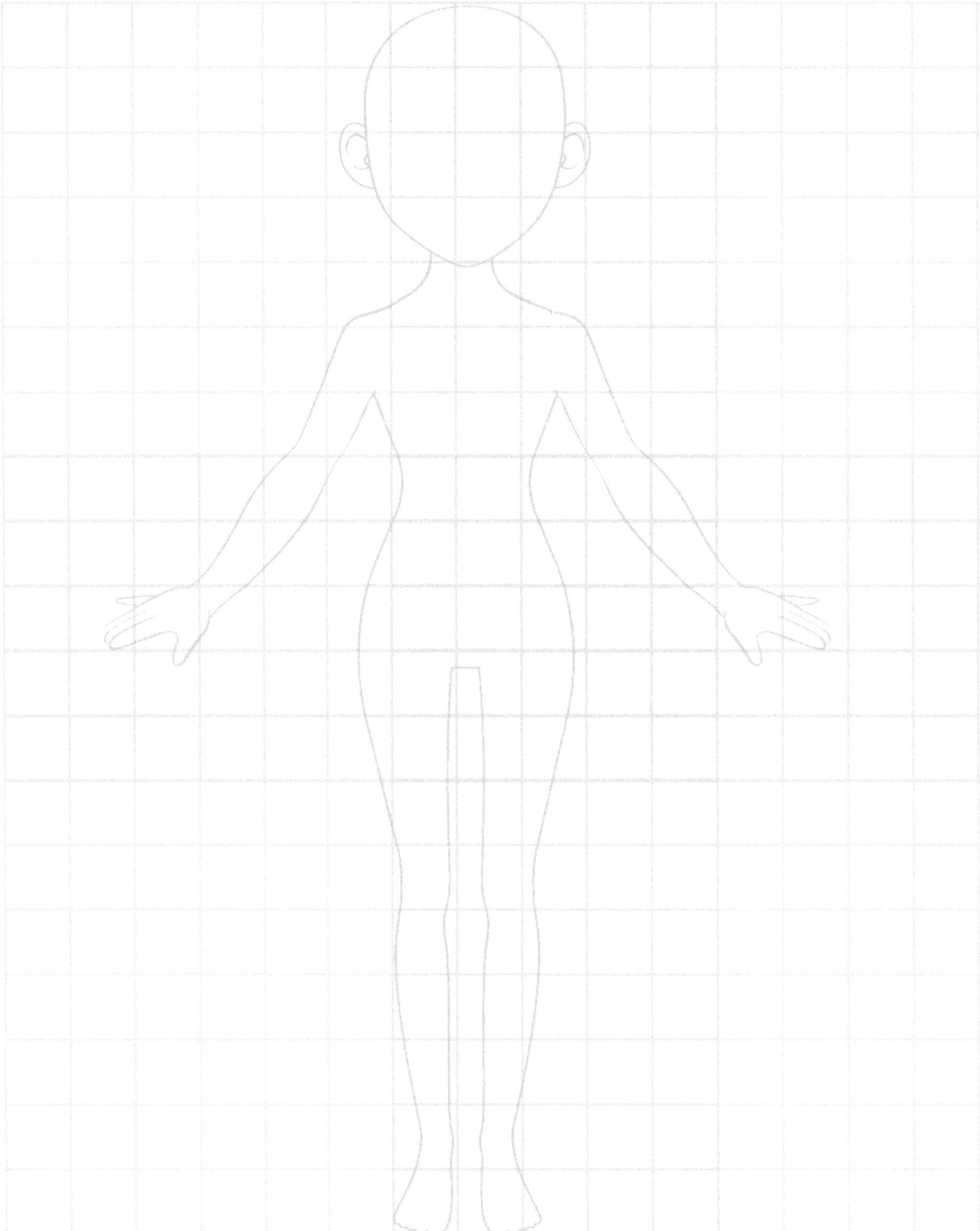

 Jetzt du ganz alleine.

LEVEL
Probiere es mit dem Raster
#60

# Zeichne das Outfit!

Mach das Outfit einzigartig, indem du es mit Details verzierst!

# Nachzeichnen & Stylen

 Jetzt du ganz alleine.

#64

# Zeichne das Outfit!

Mach das Outfit einzigartig, indem du es mit Details verzierst!

# Nachzeichnen & Stylen

# Jetzt du ganz alleine.

LEVEL
Probiere es mit dem Raster
#68

# Zeichne das Outfit!

Mach das Outfit einzigartig, indem du es mit Details verzierst!

# Nachzeichnen & Stylen

#70

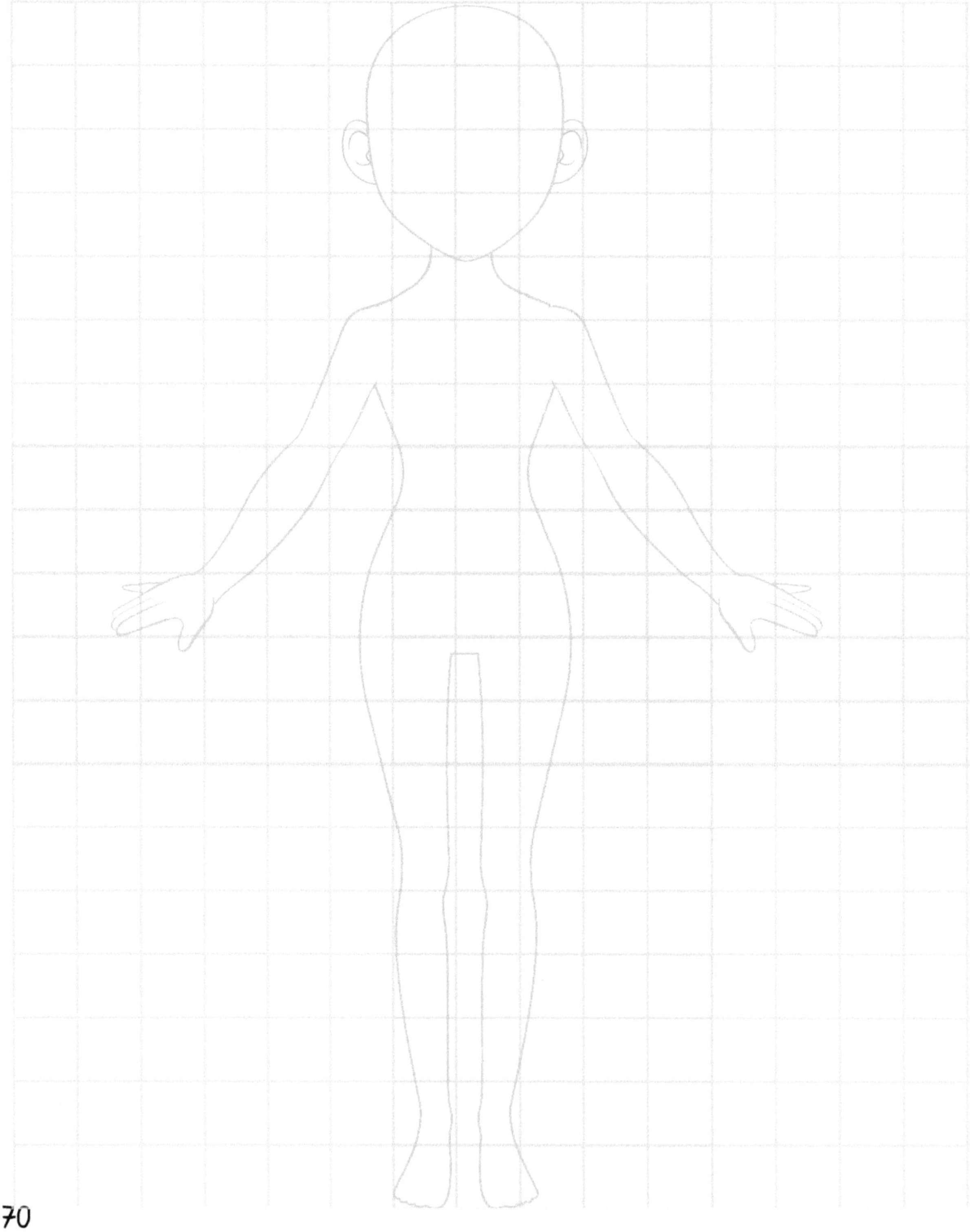

 Jetzt du ganz alleine.

Probiere es mit dem Raster
#72

# Zeichne das Outfit!

Mach das Outfit einzigartig, indem du es mit Details verzierst!

LEVEL ★★☆

# Nachzeichnen & Stylen

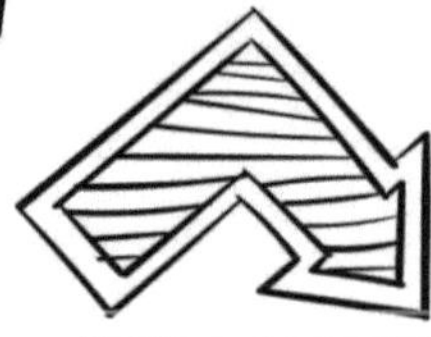

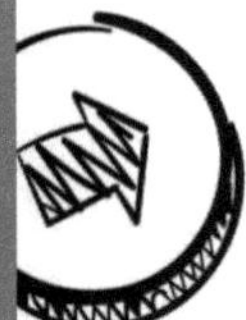

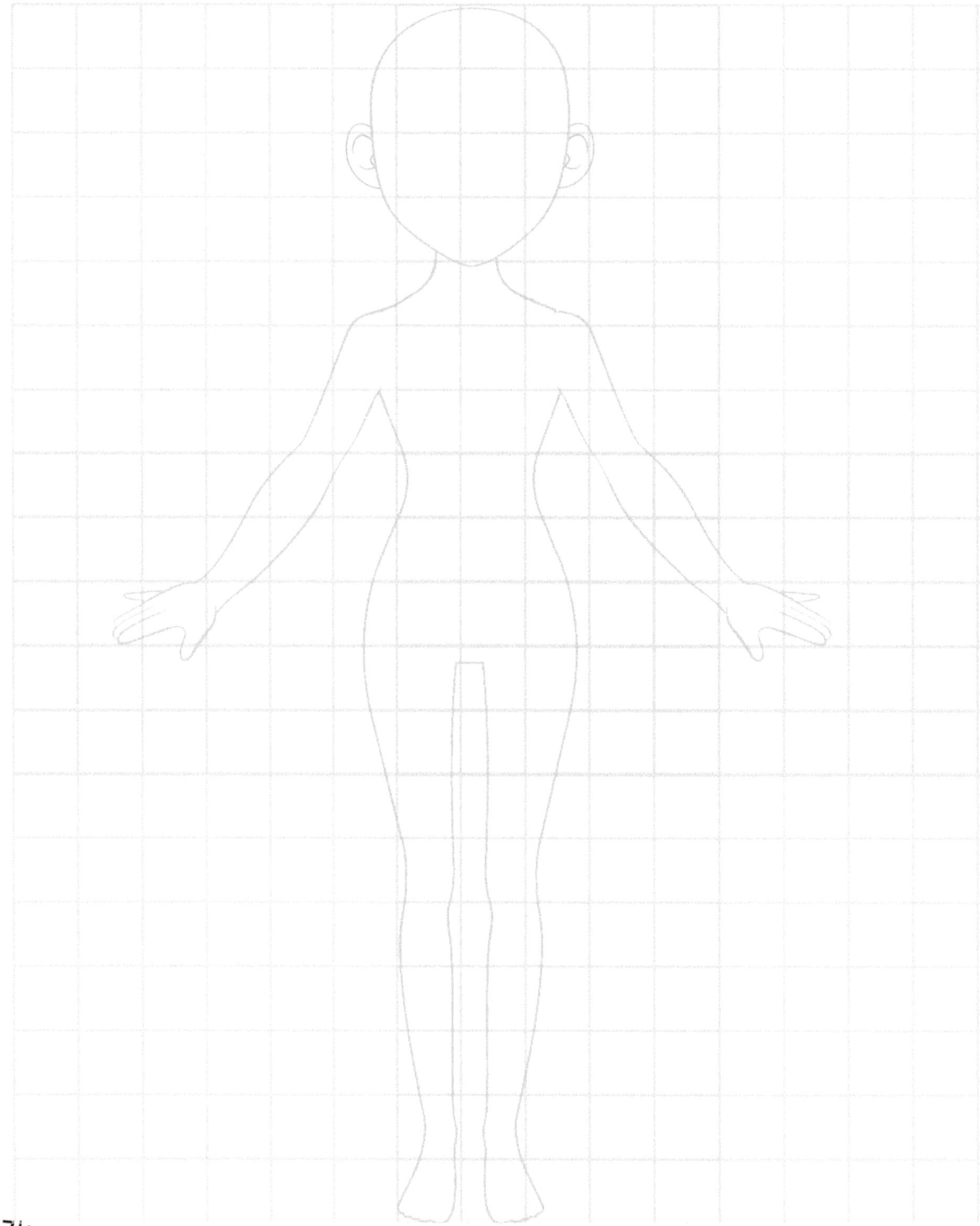

 Jetzt du ganz alleine.

LEVEL
Probiere es mit dem Raster
#76

# Zeichne das Outfit!

Mach das Outfit einzigartig, indem du es mit Details verzierst!

LEVEL ★★☆

# Nachzeichnen & Stylen

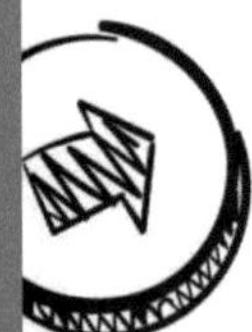

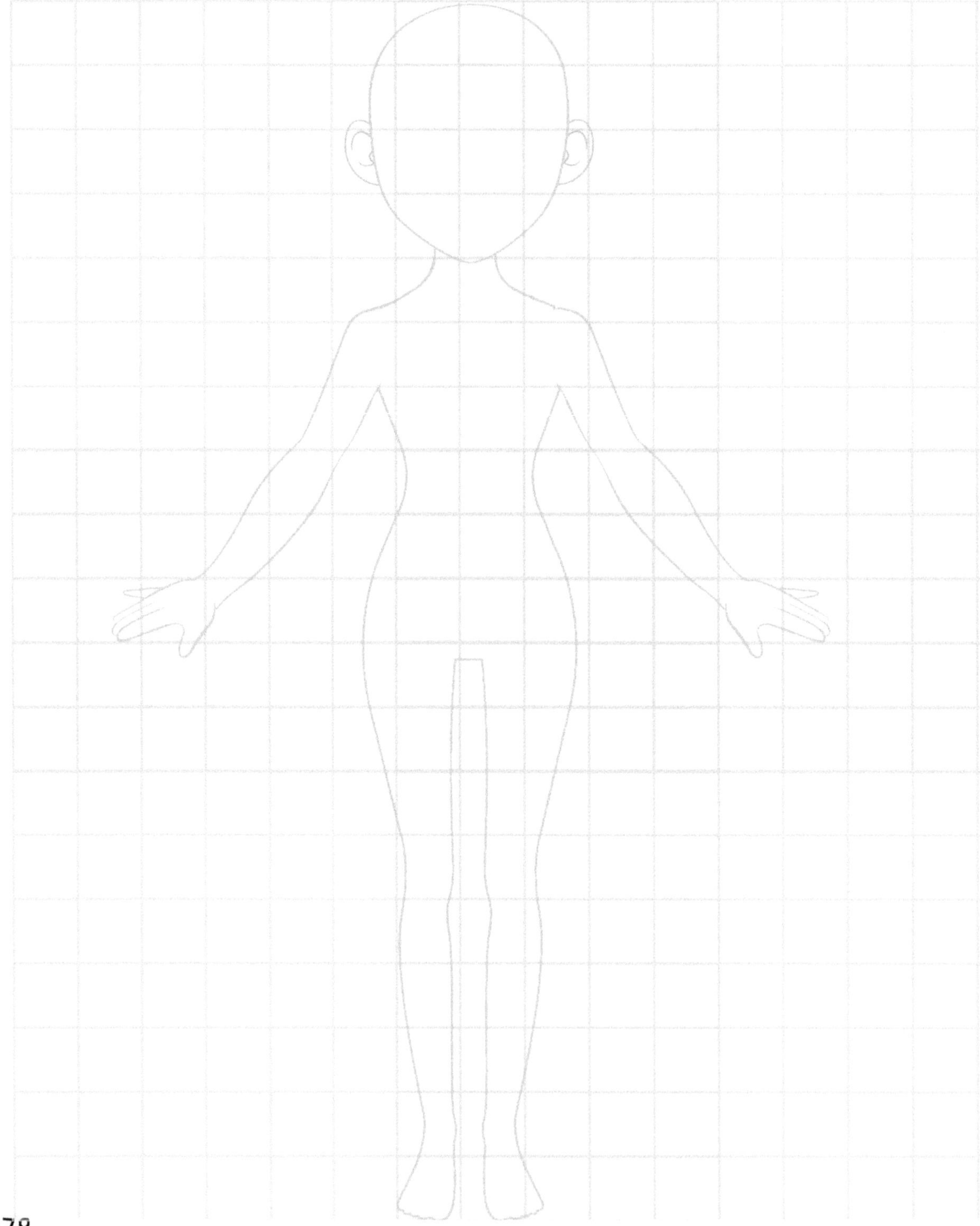

 Jetzt du ganz alleine.

LEVEL
Probiere es mit dem Raster
#80

# Zeichne das Outfit!

Mach das Outfit einzigartig, indem du es mit Details verzierst!

 # Nachzeichnen & Stylen

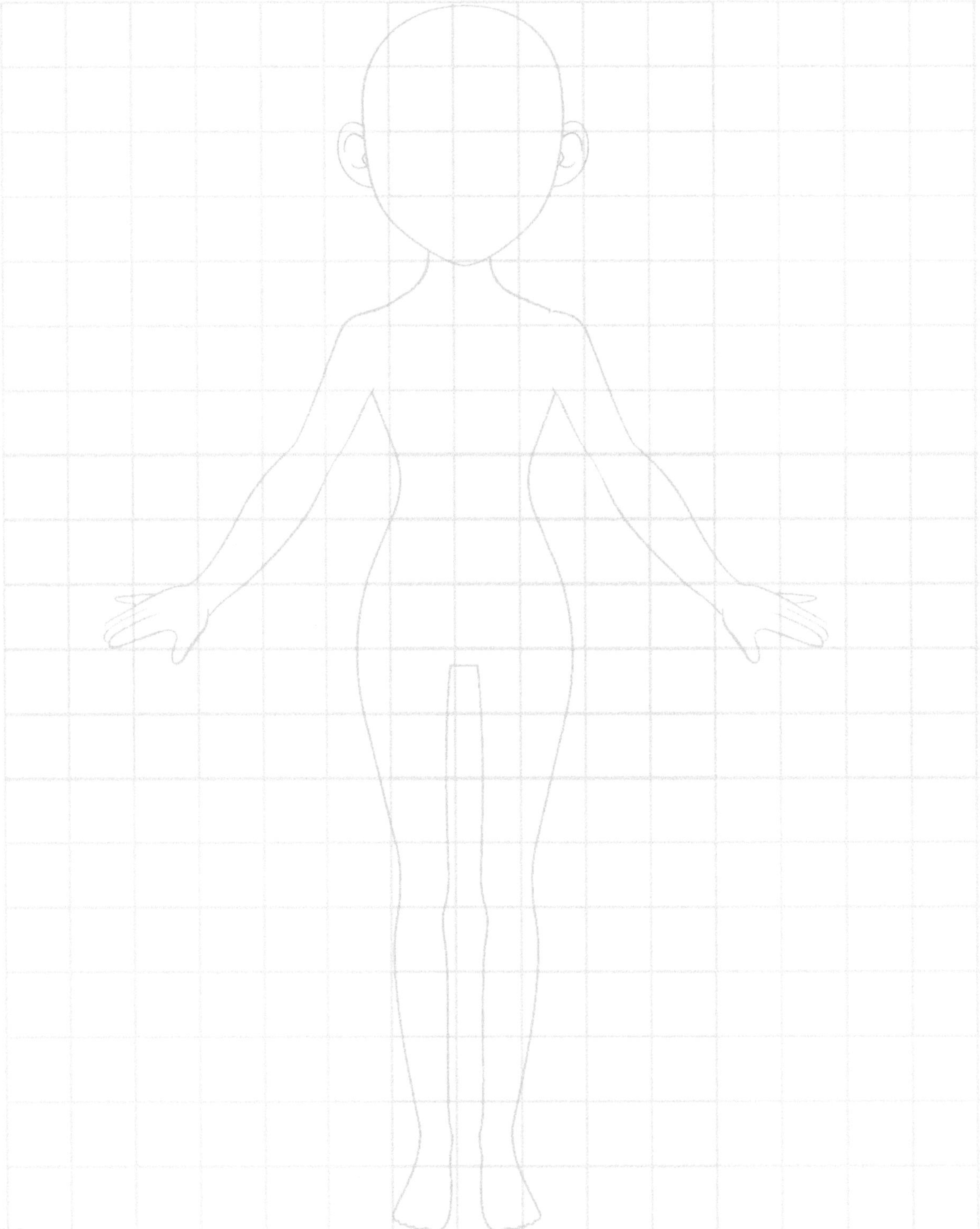

 Jetzt du ganz alleine.

#84

LEVEL ★ ☆ ☆
LEVEL ★ ★ ☆
Designe
coole Basics
#85

 Designe dein angesagtes T-Shirt!

JUST  JUST  JUST
BE

JUST BE

JUST BE HAPPY

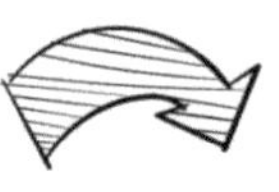

JUST BE HAPPY

JUST BE HAPPY

#88

# Designe dein angesagtes T-Shirt!

#90

 Designe dein angesagtes T-Shirt!

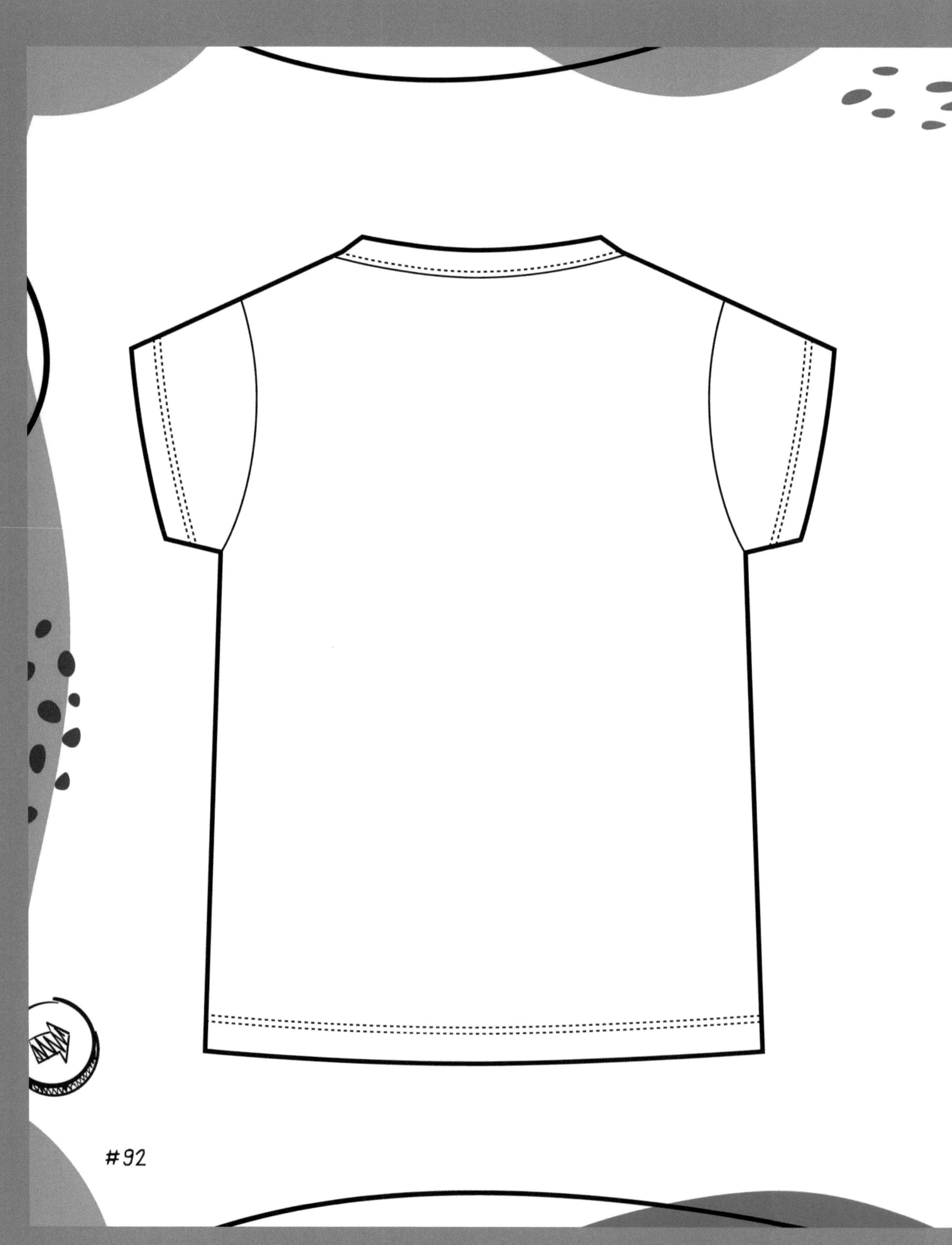

\#92

# Entwirf deine eigene coole Hose!

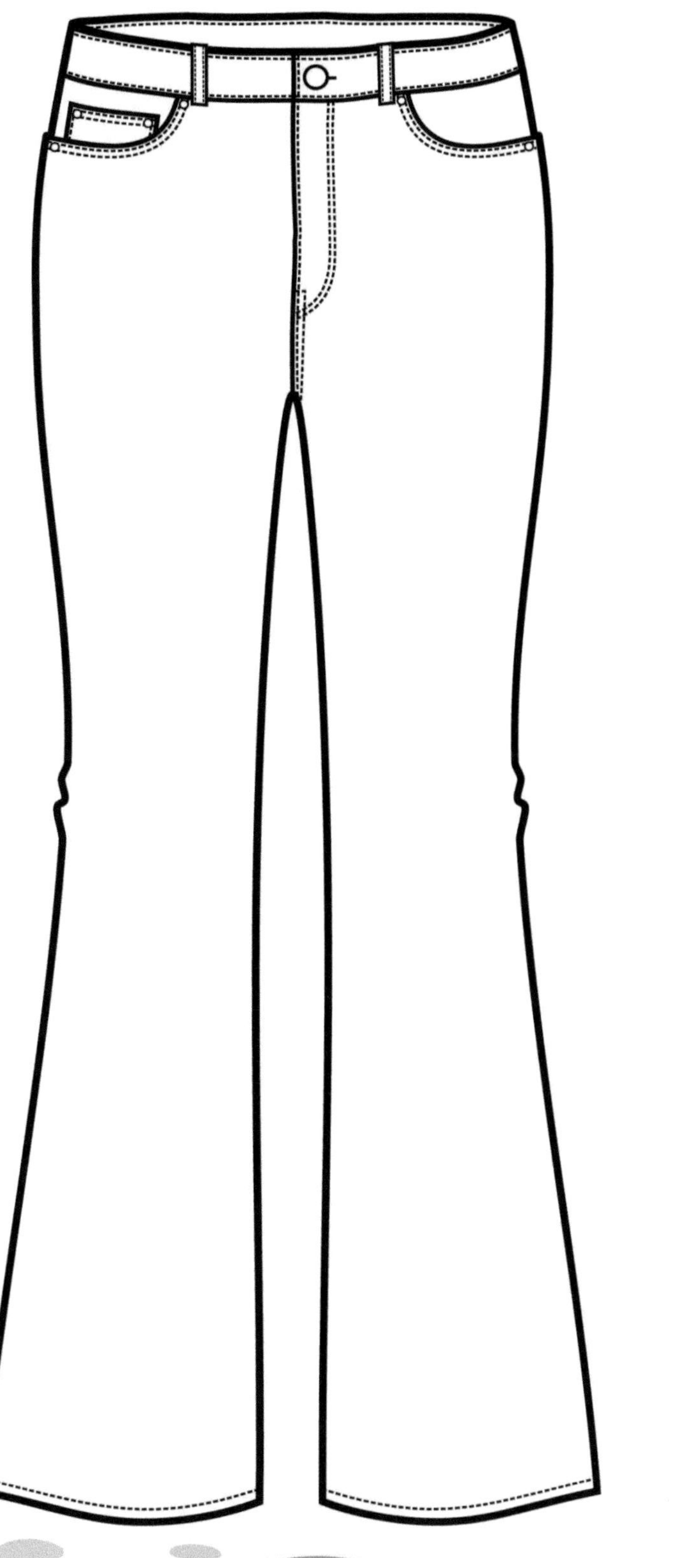

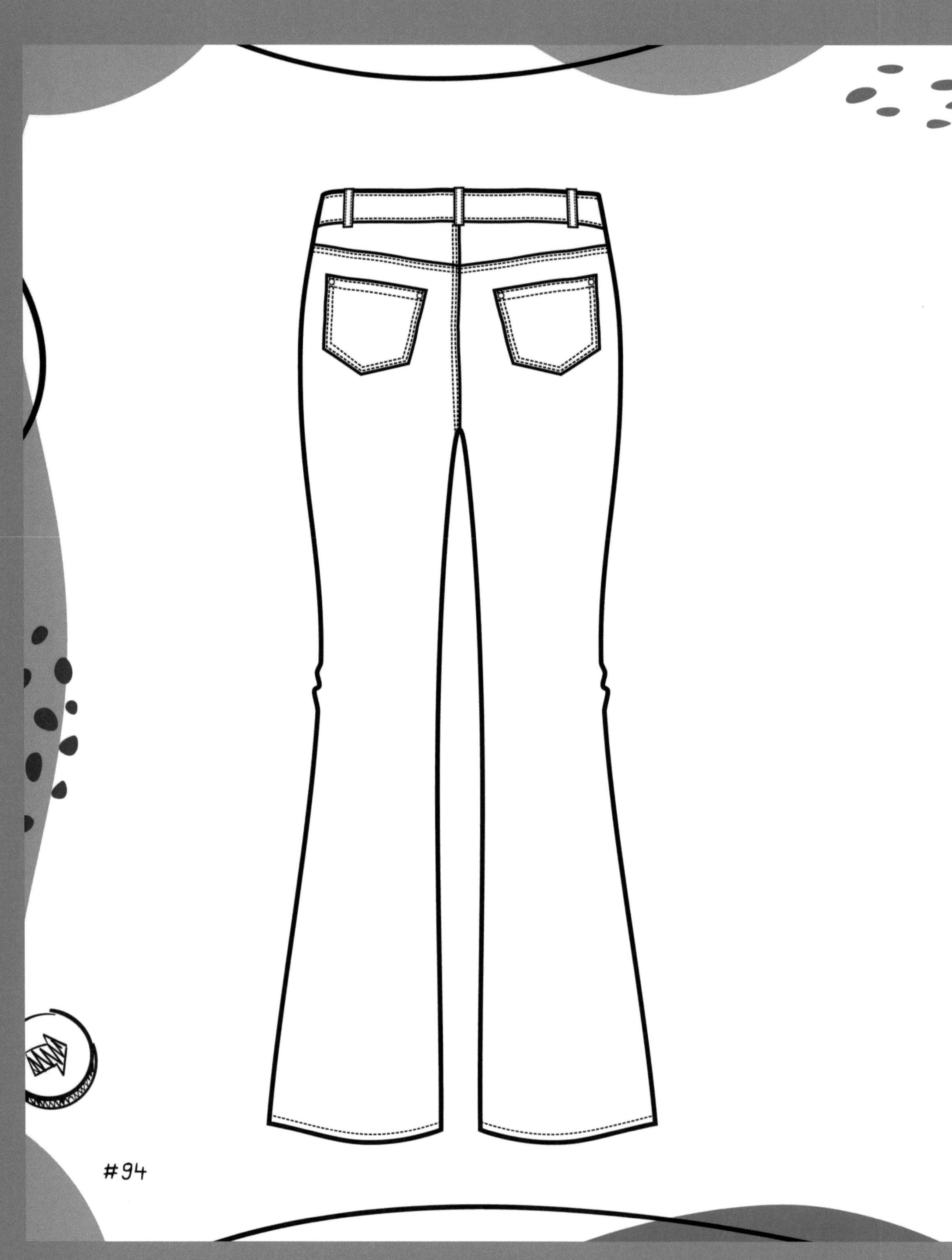

#94

Entwirf deine eigene coole Hose!

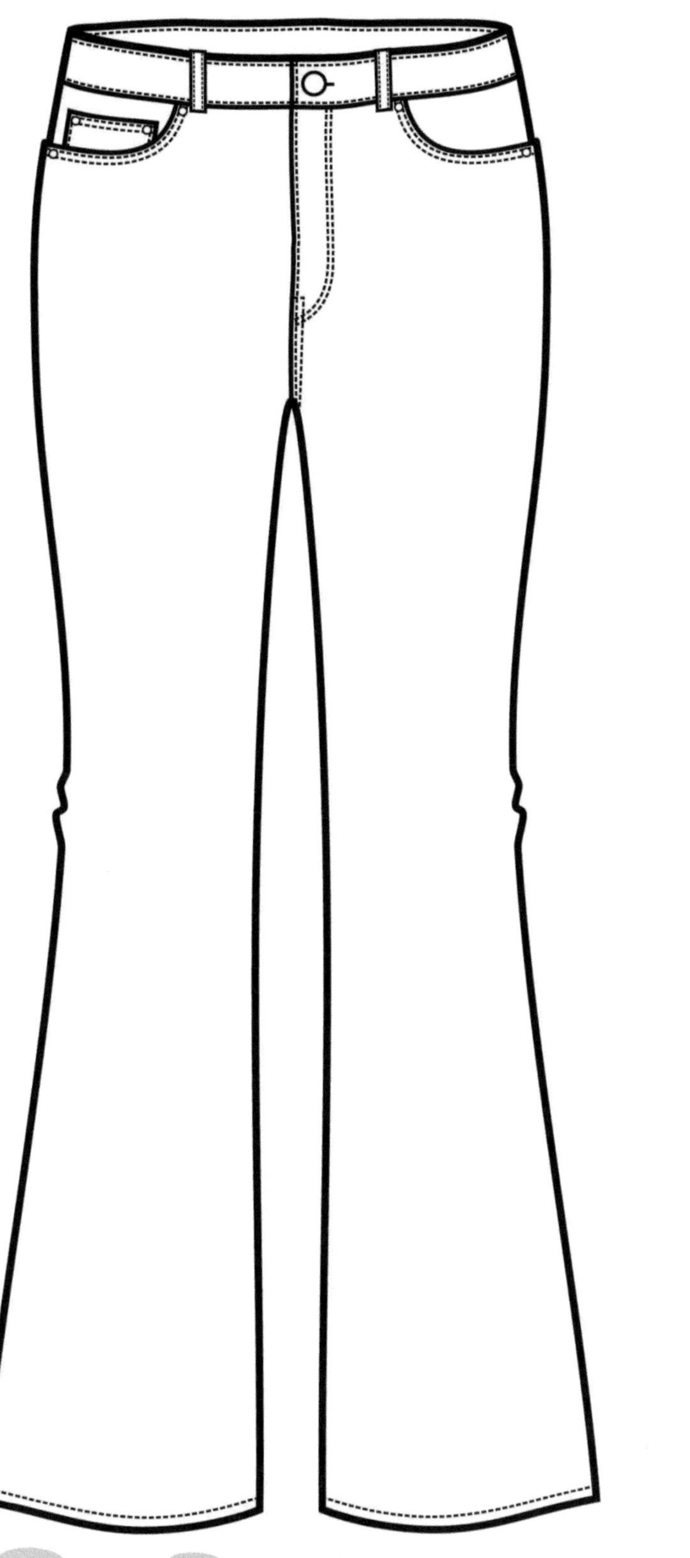

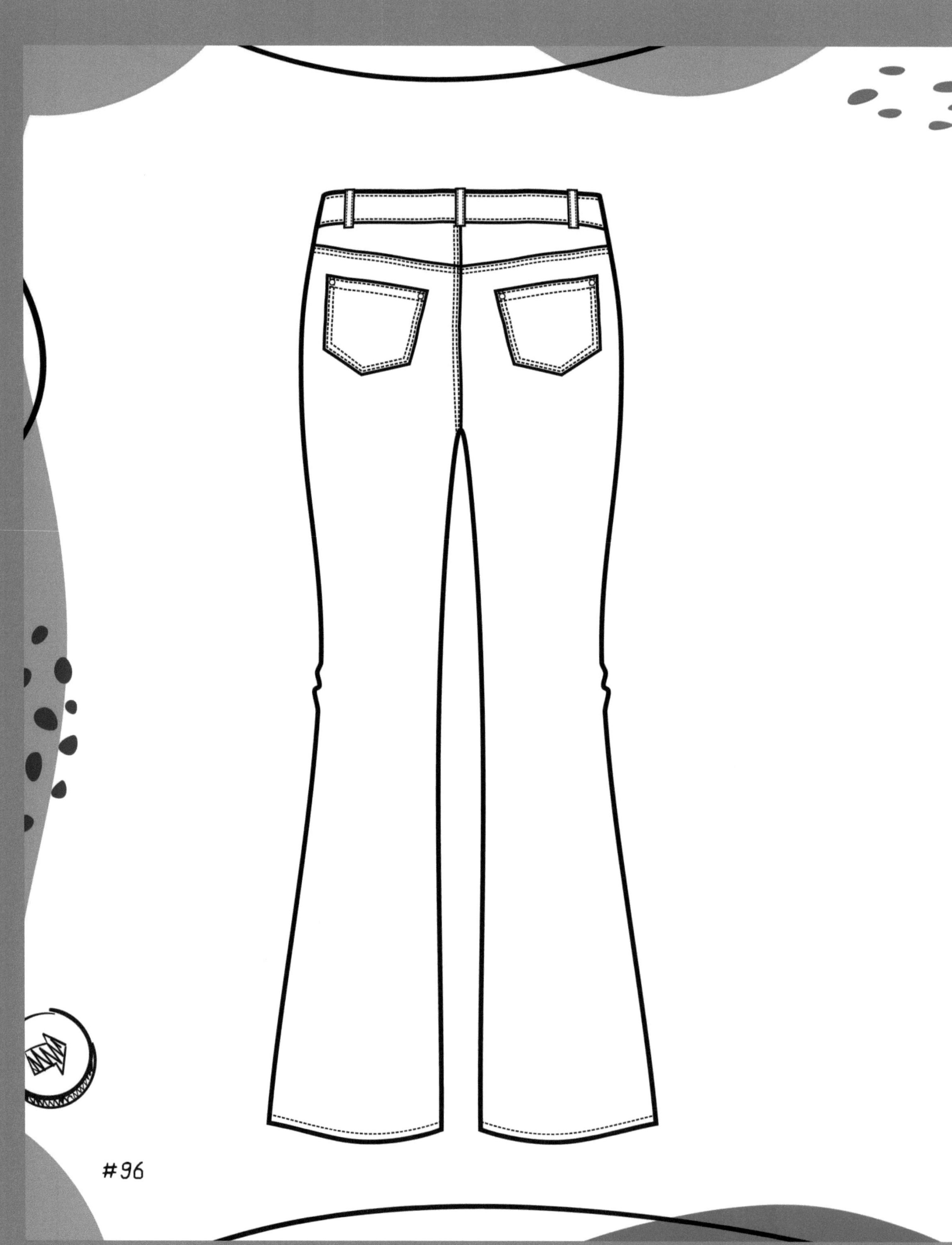

#96

 Entwirf deine eigene coole Hose!

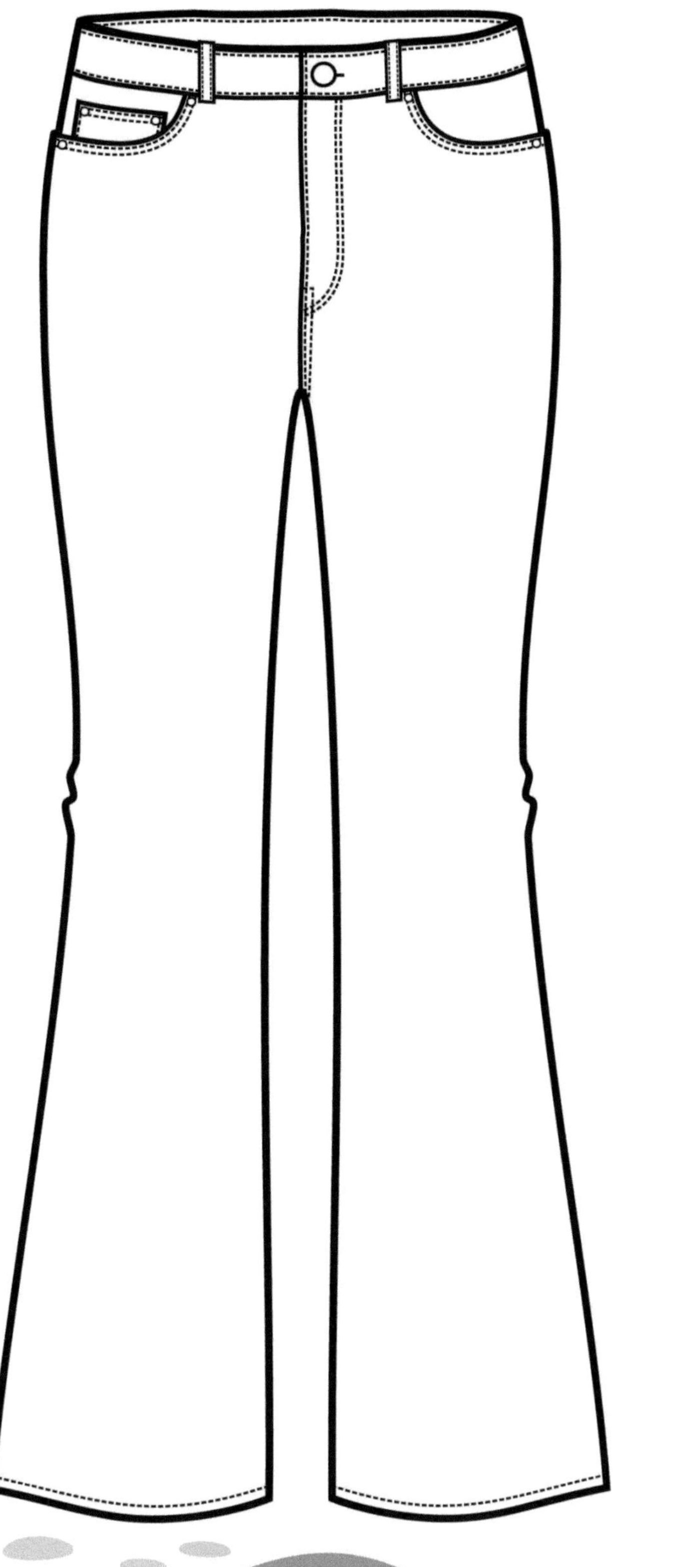

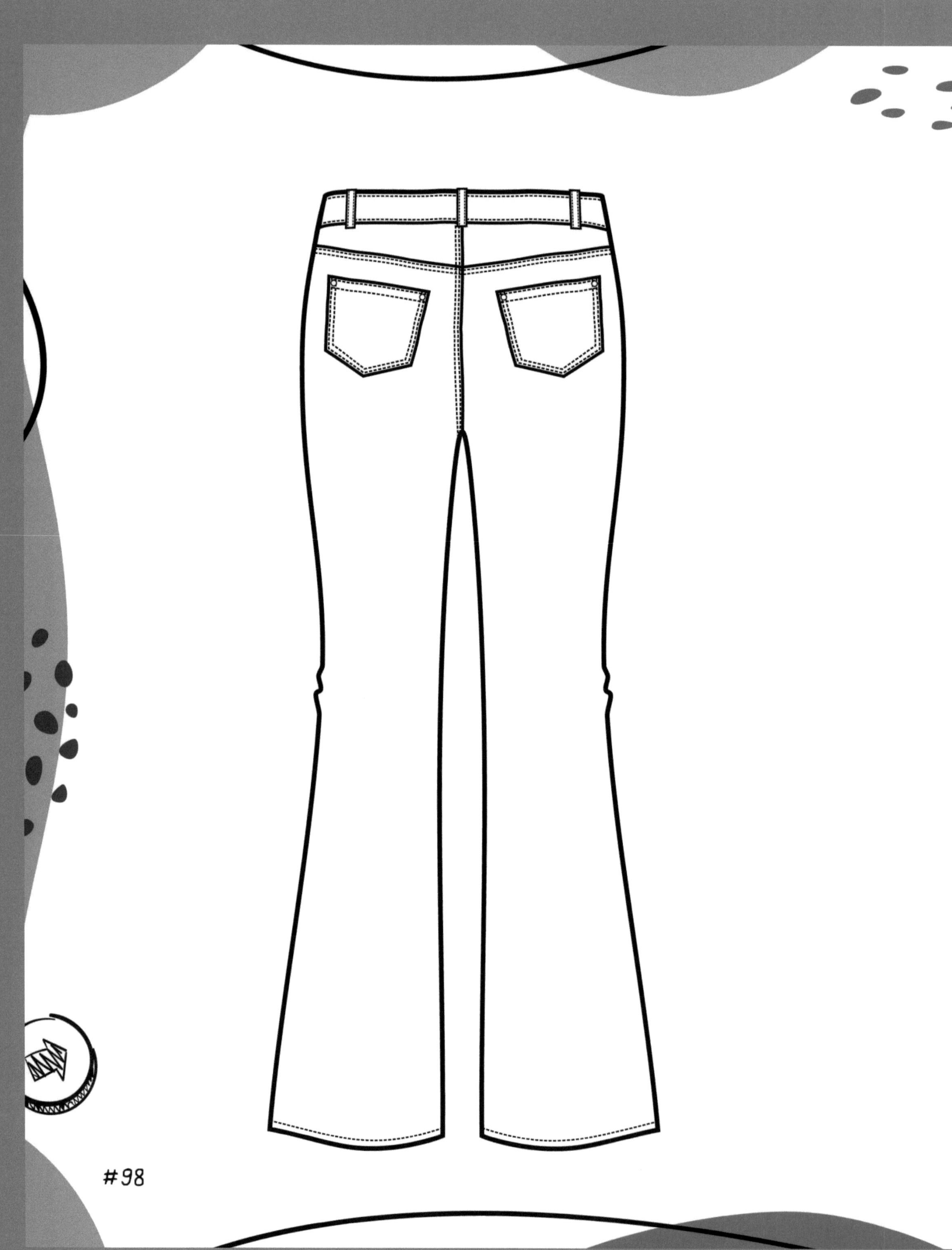

#98

Kreiere deinen eigenen
coolen Hoodie-Style!
#99

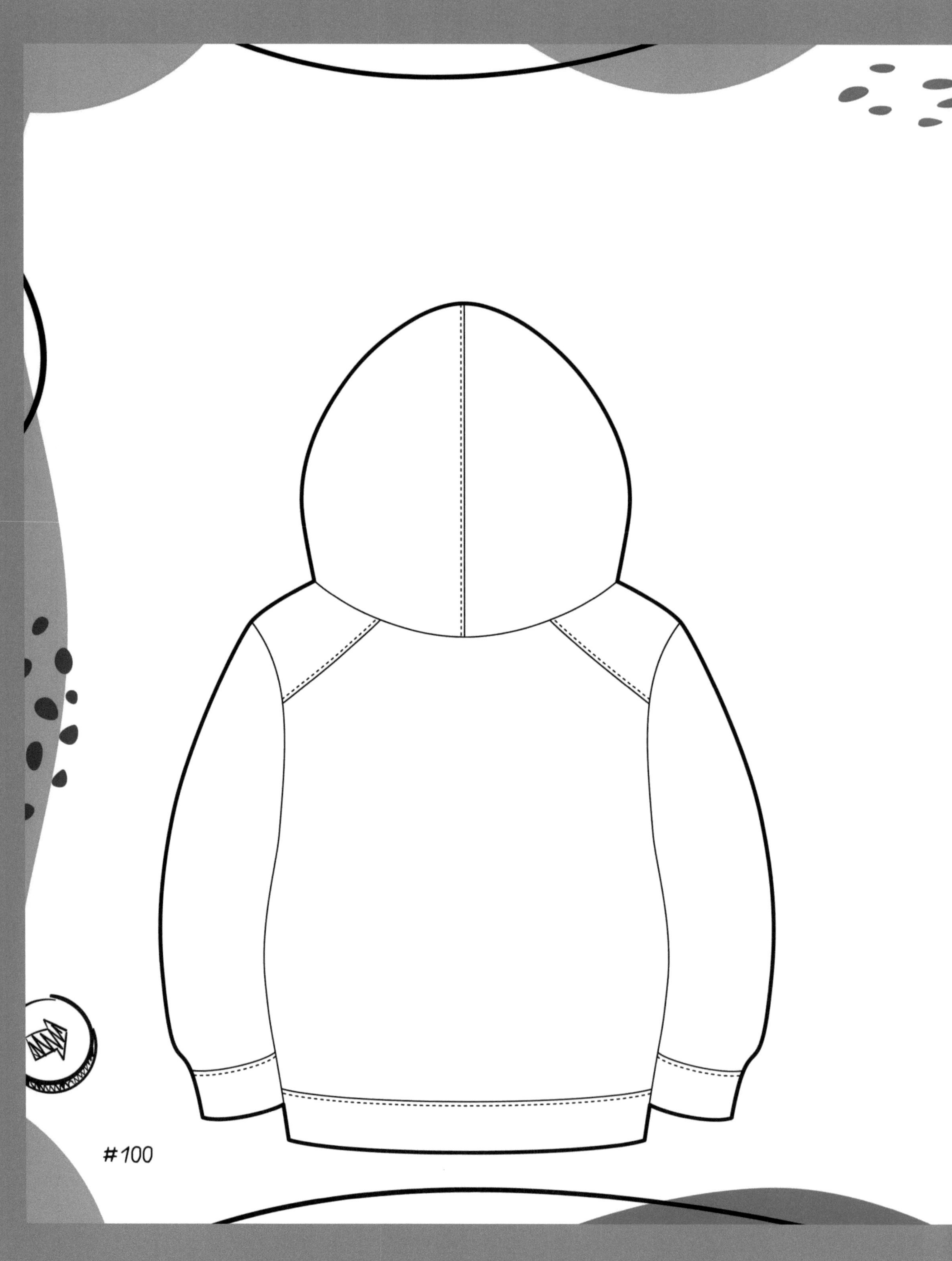

#100

Kreiere deinen eigenen
coolen Hoodie-Style!
#101

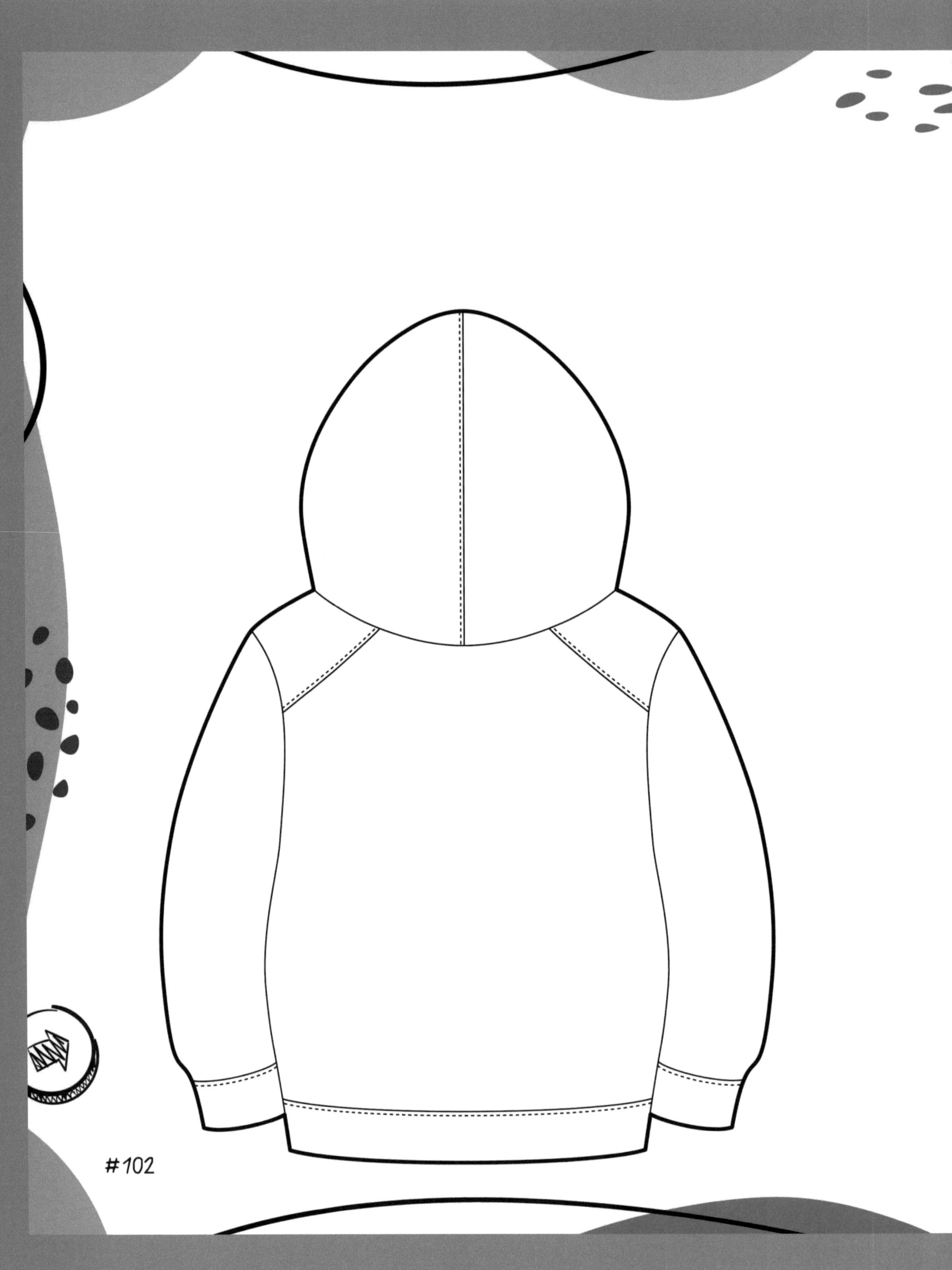

\# 102

Kreiere deinen eigenen
coolen Hoodie-Style!
# 103

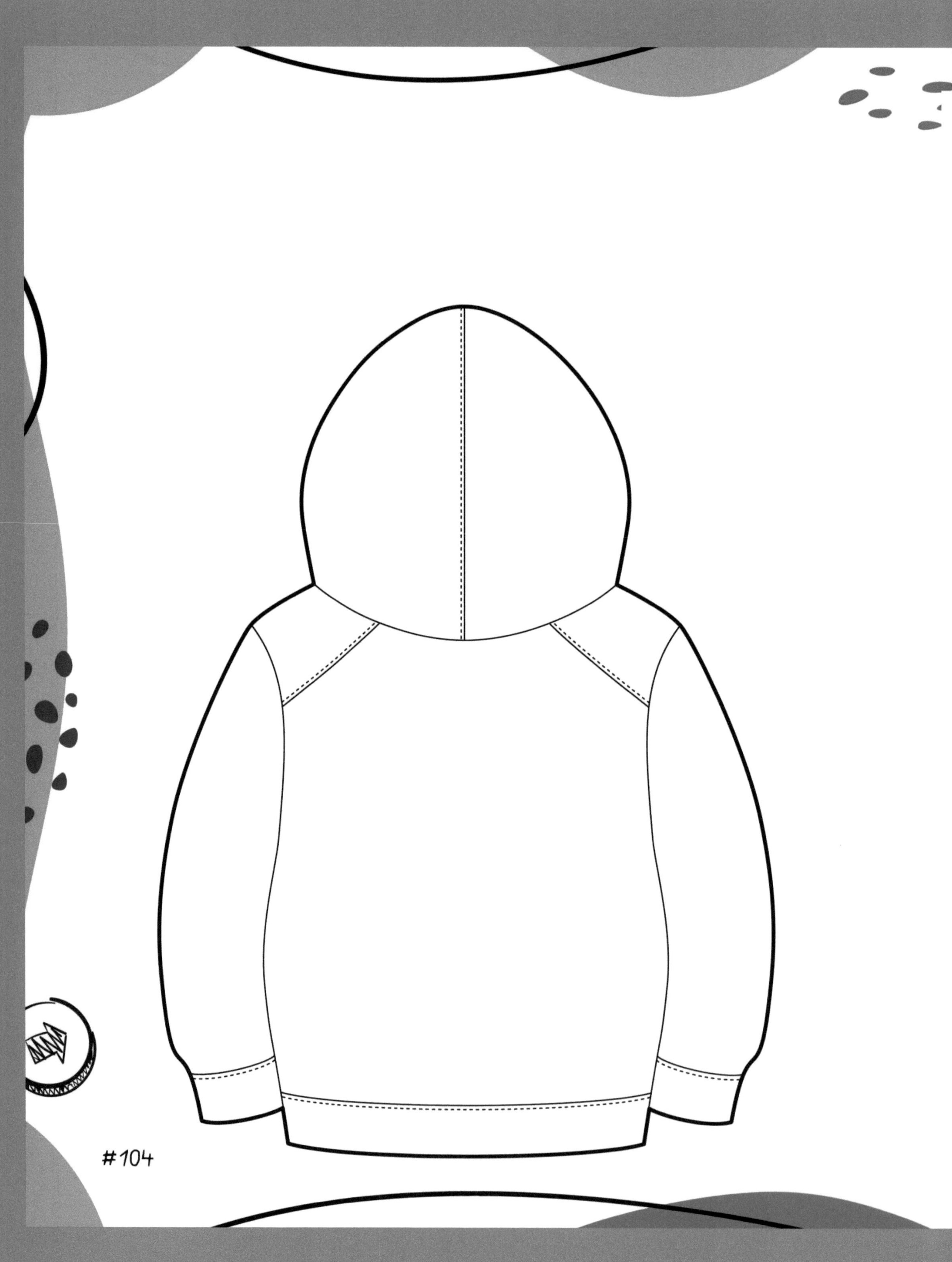

#104

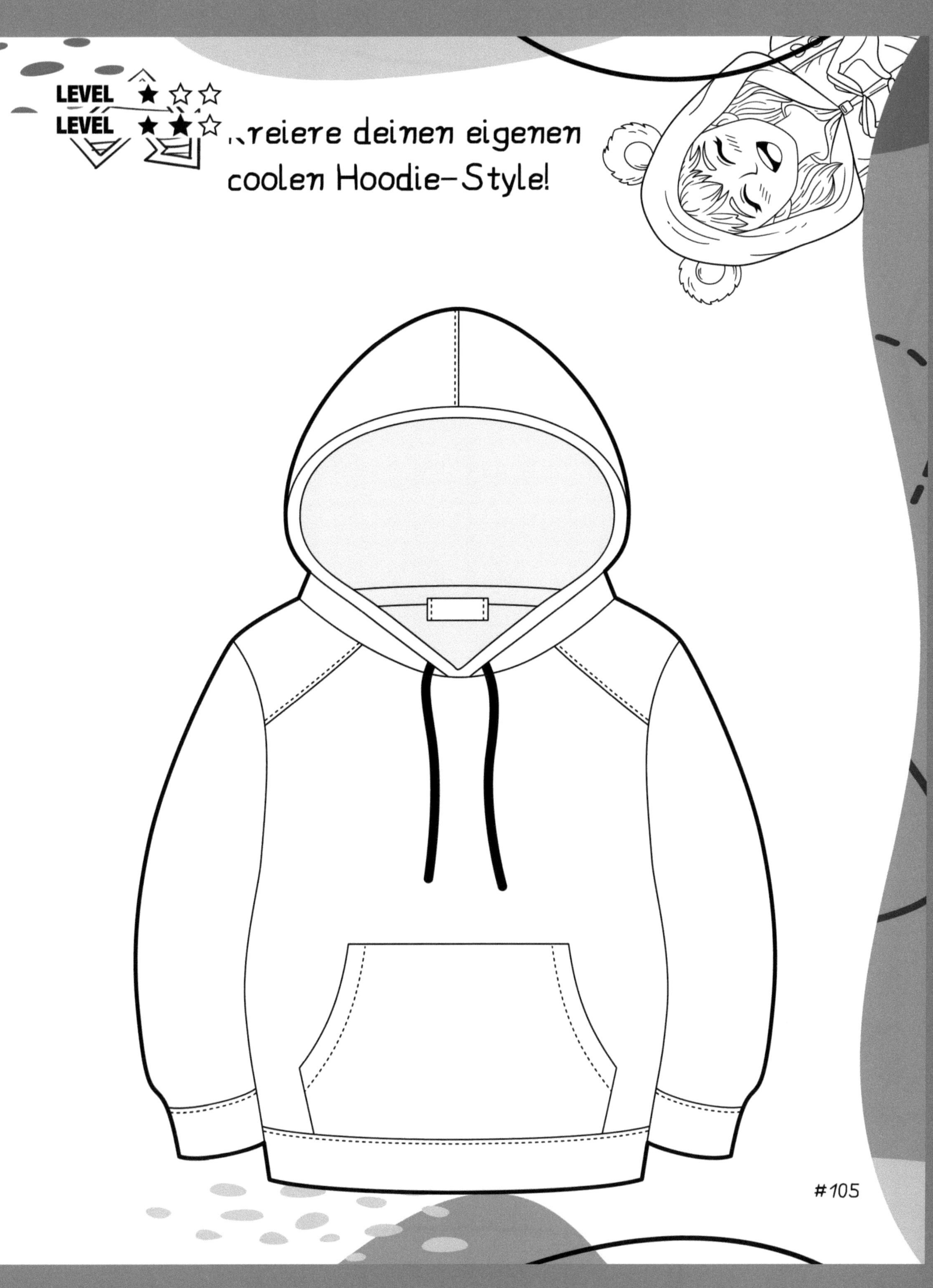

LEVEL ★☆☆
LEVEL ★★☆
Kreiere deinen eigenen coolen Hoodie-Style!
#105

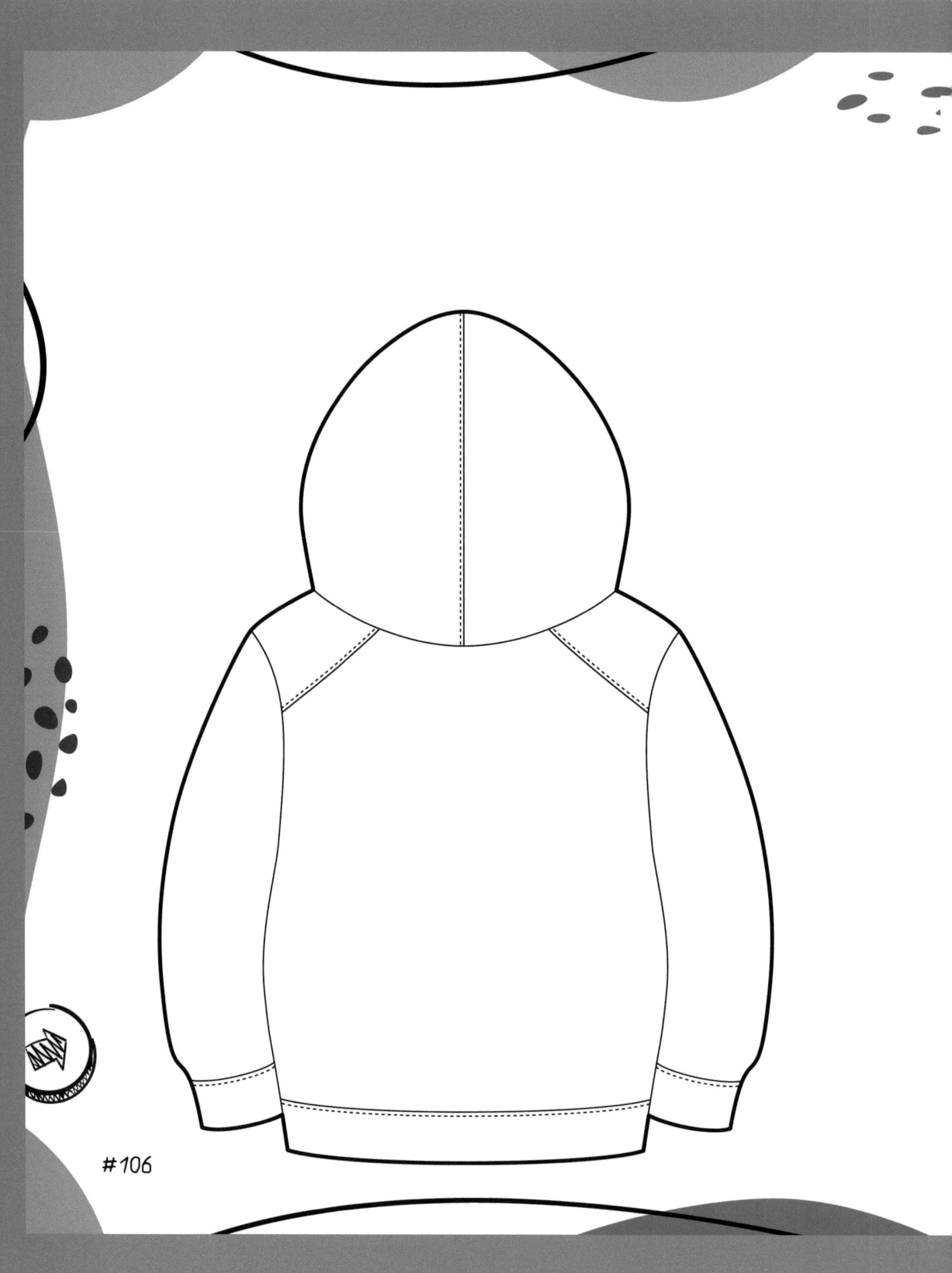

\#106

LEVEL ★ ☆ ☆
LEVEL ★ ★ ☆
Weitere Outfits
# 107

#109

#110

# 111

#112

#113

# Jetzt du ganz alleine.

# ZEICHNEN LERNEN

### WWW.BRAVO-BIRGIT.AT/ZEICHNEN-LERNEN

## Nützliches & Service

### Service
Sie können die Zeichnungen auch einzeln als PDF anfordern, um sie zu vervielfältigen und immer wieder neu zu beginnen. Falls Sie individuelle Zeichnungen wünschen, erstelle ich diese gerne für Sie.

### Zeichnung zu leicht/zu schwer/zu unpassend – Sonstige Anregungen
Ist eine Zeichnung zu schwer, zu einfach oder einfach nicht passend?
Sie erhalten kostenfrei eine angepasste Version. Auch für Verbesserungs-
vorschläge bin ich sehr dankbar – lassen Sie es mich wissen!

### Kostenfreie Downloads
Laden Sie diverse Zeichenraster einfach mit dem QR-Code herunter.
Sollten Sie Materialien nicht finden, können Sie diese unkompliziert
und unverbindlich per E-Mail an bravo-birgit@gmx.at anfordern.

### Persönlicher Kontakt
Haben Sie Wünsche oder Anregungen? Ich freue mich sehr über
Ihren persönlichen Kontakt! Schreiben Sie einfach eine E-Mail
an bravo-birgit@gmx.at.

### Sie haben eine Themenidee?
Ich freue mich sehr über Ihre Vorschläge! Teilen Sie mir Ihre Ideen mit.

**Wenn Ihnen das Werk gefallen hat, dann freue ich mich sehr über eine freundliche Rezension auf Amazon.**

## Allgemeines

### Testleser werden
Möchten Sie meine Bücher vorab lesen und rezensieren?
Ich freue mich auf Ihre Unterstützung und Ihr Feedback! So geht's:

| | |
|---|---|
| Kontaktaufnahme: | Schreiben Sie eine E-Mail an bravo-birgit@gmx.at. |
| Betreff: | Geben Sie im Betreff „Testleser werden" an. |
| Aufnahme: | Ich nehme Sie in die Liste der Testleser auf. |
| Bücher: | Ich sende Ihnen ab und zu Bücher, die bestellt und rezensiert werden sollen. Sie entscheiden, wann Sie mitmachen wollen. Bitte dann nur kurze Info. |
| Kosten: | Schicken Sie mir die Rechnung – ich übernehme die Kosten. |

### Buchinfo
Bitte beachten Sie, dass aufgrund der Beschränkungen des Amazon-Druckverfahrens keine Optionen für stärkeres Papier oder Perforierung zur Verfügung stehen.

### Sonstiges
Ich habe mir mit größter Sorgfalt und Hingabe bei der Umsetzung dieses Projekts Zeit genommen. Sollte Ihnen ein Versehen auffallen, zögern Sie bitte nicht, mich zu kontaktieren, damit ich es schnellstmöglich korrigieren kann. Sie können mich unter bravo-birgit@gmx.at erreichen. Vielen Dank für Ihr Vertrauen und Ihre Unterstützung!

### QR-Code
Mit diesem Code gelangen Sie direkt auf die Homepage
https://www.bravo-birgit.at/zeichnen-lernen. Dort finden Sie alles
zum Thema Zeichnen lernen sowie Schatzsuchen und
Schnitzeljagden für Kinderbeschäftigungen bzw. -Geburtstage.
Sie können auch gerne den direkten Weg wählen: bravo-birgit@gmx.at